课题批准号:2021NG065
课题名称:小学歌唱教学高效课堂实践研究

中小学生音乐能力培养的教学研究

许凯君◎著

吉林出版集团股份有限公司
全国百佳图书出版单位

图书在版编目（CIP）数据

中小学生音乐能力培养的教学研究 / 许凯君著 . -- 长春 : 吉林出版集团股份有限公司, 2024.3
ISBN 978-7-5731-4297-9

Ⅰ.①中… Ⅱ.①许… Ⅲ.①音乐教育 - 教学研究 - 中小学 Ⅳ.① G633.951.2

中国国家版本馆 CIP 数据核字 (2023) 第 180449 号

中小学生音乐能力培养的教学研究
ZHONG XIAO XUESHENG YINYUE NENGLI PEIYANG DE JIAOXUE YANJIU

著　　者	许凯君
责任编辑	祖　航
封面设计	李　伟
开　　本	710mm×1000mm　　1/16
字　　数	196 千
印　　张	11.25
版　　次	2024 年 3 月第 1 版
印　　次	2024 年 3 月第 1 次印刷
印　　刷	天津和萱印刷有限公司
出　　版	吉林出版集团股份有限公司
发　　行	吉林出版集团股份有限公司
地　　址	吉林省长春市福祉大路 5788 号
邮　　编	130000
电　　话	0431-81629968
邮　　箱	11915286@qq.com
书　　号	ISBN 978-7-5731-4297-9
定　　价	75.00 元

版权所有　翻印必究

作者简介

许凯君

女,毕业于山东曲阜师范大学音乐学院,音乐教育专业,本科。任职于山东省曲阜市教师教育发展服务中心,高级教师、音乐教研员,研究方向为中小学音乐教学研究。山东省中小学艺术教学指导委员会(音乐组)委员,曾获济宁市教学能手、济宁市艺术教育突出贡献奖等荣誉。

前 言

音乐既是一种文化遗产，又是一种人文科学，浓缩了人类文化的精华。在素质教育中，音乐教育是一种重要的艺术形式，也是不可替代的组成部分，在培养人才上具有不可替代的、特殊的作用和意义。音乐课程作为人文学科的重要领域，主要是将音乐作为核心来展开的课程，是实施美育的主要途径，是基础教育课程中一门重要的必修课程。

中小学是学生发展的关键性阶段，对于学生创新、审美能力的发展产生的影响是深刻的。音乐教学属于重要的学科之一，深受中小学生的喜爱，给学生创建了愉悦的学习氛围，舒缓了学生的疲劳感，提升了学生学习的兴趣。现代中小学教育已经高度重视对学生德智体美等能力的全面提升，所以音乐教育也得到发展，更加关注音乐的创新、审美与文化传承等能力培养。在中小学的音乐教育中对音乐教学进行科学的改革，以及在音乐教学中提高和激发学生的自主性和创造力，对提高学生的艺术欣赏能力、审美能力具有重要的现实意义。

本书的主要研究方向为中小学生音乐能力培养的教学，全书共分为五大章节。第一章绪论，介绍了中国音乐教育的发展历程、中小学音乐教育的课标、中小学音乐教学的功能和原则、中小学音乐教学的过程、中小学音乐教学的方法。第二章中小学音乐教学的课程与教材，介绍了中小学音乐课程概述、中小学音乐教材的分析。第三章中小学生音乐审美能力的培养，介绍了音乐教学审美的存在形态、中小学生音乐审美教学的实践、中小学生音乐审美能力教育现状与思考。第四章中小学生音乐创造力的培养，介绍了音乐创造力概述、我国中小学生音乐教材中的"创造"教学内容、中小学生音乐创造力培养的策略。第五章中小学生民族音乐文化传承能力的培养，分别阐述了中小学音乐课程的民族性概念界定、中小学开展民族音乐教学的意义、中小学民族音乐文化传承的教学实施策略、中小学民族音乐文化传承能力的培养路径。

在撰写本书的过程中，作者得到了许多专家学者的帮助和指导，参考了大量学术文献，在此表示真诚的感谢，但由于作者水平有限，书中难免会有疏漏之处，希望广大同行及时指正。

许凯君

2023 年 2 月

目　录

第一章　绪论……………………………………………………………………… 1
　　第一节　中国音乐教育的发展历程…………………………………………… 1
　　第二节　中小学音乐教育的课标……………………………………………… 11
　　第三节　中小学音乐教学的功能和原则……………………………………… 23
　　第四节　中小学音乐教学的过程……………………………………………… 30
　　第五节　中小学音乐教学的方法……………………………………………… 38

第二章　中小学音乐教学的课程与教材………………………………………… 59
　　第一节　中小学音乐课程概述………………………………………………… 59
　　第二节　中小学音乐教材的分析……………………………………………… 67

第三章　中小学生音乐审美能力的培养………………………………………… 75
　　第一节　音乐教学审美的存在形态…………………………………………… 75
　　第二节　中小学生音乐审美教学的实践……………………………………… 85
　　第三节　中小学生音乐审美能力教育现状与思考…………………………… 100

第四章　中小学生音乐创造力的培养…………………………………………… 105
　　第一节　音乐创造力概述……………………………………………………… 105
　　第二节　我国中小学生音乐教材中的"创造"教学内容…………………… 116
　　第三节　中小学生音乐创造力培养的策略…………………………………… 120

第五章 中小学生民族音乐文化传承能力的培养·················125
  第一节 中小学音乐课程的民族性概念界定·················125
  第二节 中小学开展民族音乐教学的意义·················151
  第三节 中小学民族音乐文化传承的教学实施策略·················154
  第四节 中小学民族音乐文化传承能力的培养路径·················158

参考文献·················169

第一章 绪论

本章主要介绍中小学音乐教学概述,包括中国音乐教育的发展历程、中小学音乐教育的课标、中小学音乐教学的功能和原则、中小学音乐教学的过程、中小学音乐教学的方法。

第一节 中国音乐教育的发展历程

一、古代音乐教育

早期的音乐教育没有从劳动与社会生活中独立出来,而是与它们结合在一起。夏、商、周三代是我国文明的初盛期,也是我国学校教育创始的时期。由于奴隶制的出现和脑力劳动与体力劳动的分工,促使教育变成一种专门培养人才的社会活动。孟子云:"设为庠,序、学、校以教之。庠者,养也;校者,教也;序者,射也。夏曰校,殷曰序,周曰庠;学则三代共之,皆所以明人伦也。"[①] "校"为夏代学校的专名,其教育特征为"学在官府"。上古三代的音乐教育以礼乐教育为基本特征。

周代后期的"礼崩乐坏"导致春秋后的音乐教育逐渐从官学分离出来。私学兴起使周代礼乐文化有了更广泛的传播,因此音乐教育范围扩大。先秦时期,百家争鸣,我国古代文化的发展进入了一个新的历史阶段。孔子是这一时期的音乐教育家,他一生致力于乐教的美育实践。《论语》记载,孔子在私塾中讲授礼、乐、射、御、书、数六项教学科目,提出"兴于诗,立于礼,成于乐"的观点,教育完成的最后阶段就是"乐",以乐为始,以乐为终。孟子承袭并发扬了孔子的音

---

① 王秋生.孟子经典百句[M].合肥:黄山书社出版社,2007.

乐观，把音乐与"仁德"结合起来，孟子认为："仁之实，事亲是也；义之实，从兄是也；智之实，知斯二者弗去是也；礼之实，节文斯二者是也；乐之实，乐斯二者，乐则生矣；生则恶可已也，恶可已，则不知足之蹈之，手之舞之。"[①]综上所述，孟子不仅对孔子的音乐思想进行了继承与发展，还在其基础上有了新的认识与理解。孟子对音乐的社会功能给予了高度重视，在此基础上，阐明了"乐教别于说教"的观点与看法。在汉代，乐府中的音乐教育以服务于朝廷和训练乐师为主要目的，目标十分明确。

汉乐府组织十分庞大，乐工有千人之多，乐府的主要任务是教学、演出、创作和搜集民歌等。值得注意的是，汉乐府已经开始对儿童进行早期启蒙性的合唱教学。

在隋唐时期，音乐教育活动得到了广泛开展，在宫廷内外，都有了很大的发展。宫廷音乐的繁荣发展，成为当时音乐教育活动发展与前景的主要推动力。唐朝不仅设置了传统的音乐机构，如太常及下属的鼓吹、太乐、清商署等，还设置了新的音乐机构，如梨园、教坊等。由此，我们可以认为，唐代的宫廷音乐教育机构最为完善。由唐至宋，社会音乐生活发生了重大的变化。从整体上看，音乐文化发展的重心已由隋唐时期的宫廷音乐活动转向民间世俗音乐活动。音乐教育属于"艺"的传授，它主要存在于民间、宫廷乐人的传教活动中。

明清时期，由于学校文化教育制度已暴露出越来越多的弊端、教学内容被削减，因此学校音乐教育的地位受到了排挤，处于萧条冷落时期。从整体上看，音乐教育基本上是一种技艺的传教。官办音乐机构和民间音乐传教活动均是如此，在音乐教育中，大部分是为了满足宫廷宴享或在城乡各类娱乐中对俗乐活动的需要，主要的音乐教育思想行为有着非常明显的求"艺"特征。此时虽也有一些教育家提出自己的音乐教育思想，如明代的王阳明根据"凡习礼歌诗之数，皆所以常存童子之心，使其乐习不倦，而无暇及于邪僻"[②]的思想，将其课程定为五项，但这种思想不是社会的主流。

可见，自春秋战国后，中国的音乐教育就发生了分化：宫廷的音乐教育仅以

---

① 柏小松.孟子选译[M].北京：人民教育出版社，2003.
② 吴苏林.中国教育名家思想[M].武汉：华中师范大学出版社，2011.

单纯的技艺教育为主；而在宫廷以外，宗教、文人、曲艺各自形成了独特的音乐传承方式。因此，音乐教育难以进入官学系统。

二、中国近现代音乐教育

在1840年鸦片战争前后，我国经济和文明受到了帝国主义的入侵，产生了非常强烈的变化。严重的民族危机和社会危机惊醒了安于现状、闭关自守的统治者，同时也唤醒了被奴役的人民。政治与经济的动荡、变化，也给我国的思想教育带来了冲击。在西方，不管是文化教育还是科学知识，对我国的科技领域、教育领域、哲学领域、文学艺术领域都产生了深远的影响。这种冲击和影响体现在教育领域中，特别是在教育体制、内容、科目上有着深刻的变化。外国教会、传教士纷纷兴办各类学堂，我们的教育体制与教育设施随之发生了巨大的改变，先是洋务运动中的"新教育"措施，到后来的维新运动中拟订新式学制等。在此基础上，我国一部分在西方接受过良好教育的知识分子，先后创办了一批新式学堂，开设了理工科、医科和音乐课程等。同时，他们也参与了各类教育杂志的编辑、出版、翻译等工作，从而促进了我国教育体制的重大改革。近代以来，中国的音乐教育事业在这场教育改革浪潮中，获得了空前的发展，出现了大批从事音乐教育的志士，他们为中国近代和现代的音乐教育事业作出了巨大的贡献。

在中国近代，王国维是最早将西方哲学、教育学、美学、心理学等引入中国的人之一。王国维从音乐教育的功能角度，明确了音乐教育是教育活动中不可或缺的一环，把握了音乐教育所具备的本质特点，即"人心之动"的"最纯粹之快乐"[1]，还明确了音乐教育与智育、德育、体育之间的关系。

虽然王国维的音乐教育思想对社会影响不大，但他却是我国近代音乐教育史上第一个提出美育（包括音乐教育在内的）并把它列为教育方针组成部分的学者。

蔡元培是美育的积极倡导者与实践者，在我国近现代教育史上有着特殊、重要的地位。蔡元培对美育问题有着非常独到的见解，在很多的著作和演说中都有所论述，甚至在制定的教育政策中也有所涉及，他曾说："美育为近代教育之骨干，

---

[1] 王国维.论教育之宗旨[J].中华活页文选（教师版），2018（6）：1.

美育之实施，直以艺术为教育，培养美的创造及鉴赏的知识，而普及于社会。"[1] 这是一种有远见的看法。尤其是在他任中国教育会会长、南京临时政府教育总长、北大校长的期间，他利用自己的身份和影响力，宣扬审美教育的重要意义，以唤起民众对审美教育的关注，提出并参与了审美教育的各种构想，进行了具体实践。在他的倡导下，成立了中国最早的音乐教育与研究机构——北京大学音乐研究会，后来改名为"北京大学音乐传习所"，并聘请了萧友梅、王露、刘天华等一批著名的音乐教育家任教；他还成立了"上海国立音乐院"，这成为我国第一所专业音乐教学院所，专门从事音乐教育；他还在音乐教育方面提出了很多重要的观点，进一步推动了中国专业音乐教育的发展。

我们可以这样认为，学堂乐歌的兴起与发展，是我国普通音乐教育在近现代发展的一个重要标志。在学堂乐歌的兴起和发展过程中，出现了我国近现代早期的一些音乐教育的代表人物。他们在音乐教育思想、音乐教育理论、乐歌创作等方面，为我国近现代音乐教育的发展，作出了不可磨灭的贡献，是我国近现代音乐教育的先驱。其中，梁启超的音乐教育思想和曾志忞、沈心工、李叔同等人的音乐教育实践，对我国近现代音乐教育的发展产生了重要影响。

1919年五四新文化运动，揭开了我国现代音乐教育史的新篇章。从此，中国的音乐教育呈现出一片欣欣向荣的景象，一批又一批的音乐教育家为中国近代的师范、专业音乐教育的创建、发展，书写了一页又一页的乐章。

（一）普通音乐教育

自学堂乐歌运动以来，音乐课程在20世纪20年代我国中小学广泛开展。1923年，全国教育联合会所拟定的《课程设置纲要》中明确规定，从小学六年级开始，一直到初中三年级，都要开设音乐课，将原本的"唱歌课"改成了"音乐课"。当时的教育部在20世纪三四十年代修订了普通学校中的音乐课程和课时。国民政府教育部门在1934年设置了"中小学音乐教育编订委员会"，当时中国著名的音乐教育家组成了该委员会。委员会的成员在调查研究的基础上，对中国的普通音乐教育现状与应用情况进行了分析研究，在应用音乐教科书的基础上，修

---

[1] 蔡元培.蔡元培全集（第六卷）[M].杭州：浙江教育出版社，1997.

订了一系列的优秀音乐教科书。如,1935年教育部编的三册《小学音乐教材初集》,1936年教育部编的初集、二集、三集《中学音乐教材》,1935年教育部编的六集《复兴初级中学教科书》。《音乐教育》是我国的第一本音乐教育刊物,是由音乐教育委员会主办的,于1935年在江西省推行。它主要是刊发关于音乐教育方面的音乐教育论文和歌曲创作,在那个时期推动了一般音乐教育理论的普及。

教育部音乐教育委员会主办的《乐风》刊物,以及其他一些音乐刊物上开设的"音乐教育"栏目,对这一时期的普通音乐教育起到了重要的推动作用。在抗日战争爆发后,学校成为抗日的重要阵地,各个学校利用音乐来对学生们进行反侵略教育、反内战教育和爱国教育。音乐教育在当时的社会背景下,起到了重要作用,鼓舞了学生斗志,激发了学生爱国热情。但是,抗日战争的爆发和随后的三年内战,对已经相对成熟的学校音乐教育造成了很大影响。随着时代变迁,普通音乐教育处于停滞不前的状态,这是我国近代普通音乐教育发展过程中的一个缺憾。

(二)师范音乐教育

师范音乐教育是指在普通师范学校中的音乐教育,这种教育的目的是为我国当时的中小学校提供音乐师资。音乐师资是音乐教育得以建立和发展的基础,没有师范音乐教育培养师资,也就没有音乐教育的今天。因此,师范乐教育在当时受到人们重视是显而易见的。我国的师范学校从20世纪20年代开始,就把音乐课程纳入教学中,并把它作为一门必修课。如在当时的河南师范学校、湖南省立师范学校、山东省立一师、二师、三师、四师和江浙师范学校等,都开设了音乐课程,为当时社会培养了大量音乐教师,从客观角度上看,这些师资对我国音乐事业的发展起到了巨大的推动作用。随着时间的推移,我国的师范音乐教育已经初步建立起来,在较完善的体系中不断发展,渐渐成为相对完整的音乐教育网格。其中,以李华萱为代表的近代音乐教育家,对中国音乐教育事业的发展有突出贡献,他曾在山东省立四师任教,在此期间编撰发行了一系列乐理教科书、唱歌集,培育了大批音乐教师,这有利于我国早期音乐教育的发展。

由吴梦非、刘质平、丰子恺等人共同创办的私立上海专科师范学校、上海国立音专师范科，在北京创办的国立女子高等师范学校、西南音专、福建音专等，都在培养音乐人才方面有很大的促进和推动作用。20世纪30年代和40年代，在全国范围内开办了更多的师范院校，比较典型的是鲁迅艺术学院音乐系、河北女子师范学院、国立中央大学师范学院、国立女子师范大学等，这些学校（院）的音乐条件，均在培养音乐师资方面作出了应有的贡献。

师范音乐教育在21世纪初期至中华人民共和国建立这段时间内取得了长足进步，这对中华人民共和国建立后的师范音乐教育发展具有重要的借鉴意义。

（三）专业音乐教育

五四运动前后，我国的近现代专业音乐教育才得以形成并逐渐完善和发展。在音乐学院正式成为专业音乐学院（校）之前，专业音乐教育机构通常以社团形式存在。一些重要的社团的形式包括北京大学音乐研究会、中华音乐会、中华美育会、大同乐会等。反对封建文化和倡导美育是这些社团建立的根本宗旨和目标。这些社团的主要活动内容：一是引领学生学习中西方音乐知识，涉及中西乐器领域、乐理领域、和声领域、中外音乐史领域等；二是策划并举办各种表演活动；三是翻译西方（日本）音乐理论，整理研究中国传统音乐，组织音乐创作活动。这些社团所开展的活动内容已经与专业音乐学校相当，可以看作我国专业音乐学校（院）发展初期的一种形态。在1923—1925年期间，国立北京艺术专科学校音乐科等相继成立。有些教会学校也开设了音乐系，如当时的沪江大学和燕京大学。虽然这些社团和学校的系科音乐教育尚不完备，但这是我国现代专业音乐教育的起步，同时为后来建立专业音乐院校提供了实践经验。

上海国立音乐院是我国第一所专业音乐教育学府，1927年正式创立。院长由蔡元培担任，教务长由萧友梅担任。由于各种原因，该学院被改名为"上海国立音专"。曾任教于音乐专业的教育家包括萧友梅、黄自、陈洪和若干外籍音乐家。上海国立音专在培养音乐教育家方面取得了很大成就，其学生中出现了许多音乐教育家，他们在我国现代音乐教育领域取得了突出成绩，有着巨大的贡献，如江定仙、贺绿汀、刘雪庵、丁善德等。

萧友梅（1884—1940）是我国近代音乐教育的重要奠基人。1901年，他前往日本自费留学，之后还成功取得了广东省官费留学生的资格。他在东京帝国大学哲学科攻读教育学，还在东京音乐学校学习钢琴。1912 年，他前往德国留学，在莱比锡音乐学院深入研究作曲理论，得到众多知名音乐家的指导。1916 年，萧友梅成功取得莱比锡大学哲学博士学位，后转到柏林大学，研习教育学、哲学、音乐美学等。萧友梅在 1920 年 3 月底返回祖国，在 1921 年与赵元任等人一起组建了"乐友社"，旨在推动中国音乐的研究和改革。萧友梅在收到北大校长蔡元培的邀请后加入了北京大学音乐研究会。在他的建议下，决定将"北大音乐研究会"更名为"北大音乐传习所"，并增设甲、乙两个师范科目，供北大学生自愿选修。这些改动旨在为学生提供更广泛的音乐教育机会，因此北大音乐传习所在我国成为第一个专门从事音乐教育的机构。萧友梅与杨仲子创办了北京女子高等师范学校音乐体育专修科，旨在培养优秀的音乐教育师资力量。我国的音乐教育在 20 世纪 20 年代处于起步阶段，教材匮乏。为弥补这一缺陷，萧友梅创作了一些艺术歌曲，并为它们配上钢琴伴奏，这些歌曲后来被收录进了《今乐初集》《新歌初集》等歌集中。萧友梅在北京期间，北京所有高等学府的音乐系均由其担任相应的教务。1927 年 10 月，在蔡元培的努力下，政府批准了萧友梅创办国立音乐院的计划。次年，萧友梅被聘为国立音乐院的教授和教务长。他于 1928 年担任院长，在国立音乐院改名为国立音专后出任校长。出于个人理想，他全力促进中国现代专业音乐教育的发展与改革。经过长时间的不懈努力，他成功地将国立音专打造成为规模大、具有国际先进水平的高等音乐学府。萧友梅年轻时前往日本、德国学习音乐长达 20 年，回国后，面临极其艰巨的挑战和条件，但他坚韧不拔，有着坚忍的毅力，在北京和上海等地积极开展中国的近现代音乐教育工作，创建了国立音乐院等机构，为我国培养了大量专业音乐人才。他被誉为中国近现代音乐教育的奠基人，他在中国音乐教育史上的成就和贡献将被永远铭记。

黄自（1904—1938）是一位对我国近现代专业音乐教育有着卓越贡献的音乐教育家、音乐理论家、音乐作曲家。黄自是我国最早的全面系统地传授专门作曲技术和作曲理论的音乐教育家之一，在他的辛勤教导下，我国出现了一批批优秀音乐人才。1916 年，黄自在完成了小学学业后，考入北京清华学校，开始了与西方音乐的接触。他于 1924 年完成学业，在清华学校毕业后前往美国留学，并在欧伯林大学深造心理学，随后转向学习音乐理论、作曲和钢琴。归国后，黄自在沪江大学从事教学工作。1930年，黄自放弃沪江大学的职位，与萧友梅共同致力于在国立音专教授学生作曲技术，担任国立音专的教务主任。他曾在上海国立音专任教达八九年之久，承担了该校比如《音乐欣赏》《音乐史》《对位法》《和声学》《配器法》等几乎所有的音乐理论课程。他作曲了多首合唱曲，如《旗正飘飘》《抗敌歌》，这些作品鼓舞人们抗击敌人，振奋了人们的爱国情怀。他所作的《和声学》《音乐史》等著作都是我国现代音乐史中具有重要意义的音乐文献。黄自与他人联合编写了《复兴中学音乐教科书》（共六册），这套书籍是我国当代基础音乐教育的重要历史材料，具有很高的历史和现实价值。1934年，教育部邀请黄自担任中小学音乐教材编订委员会委员和教育部音乐教育委员会委员，为当时普通音乐教育作出了贡献。同年10月，他在上海中西电台担任教育音乐播音委员会编辑部主任。黄自是一位将毕生精力全部投入我国现代专业音乐教育中去的音乐教育家，他对我国现代专业音乐教育的发展作出了突出的贡献，他的音乐教育思想和音乐教育实践经验，将鼓舞我们当代音乐教育工作者努力学习。

在我国近现代专业音乐教育方面作出过重要贡献的音乐家还有陈洪、青主、赵梅伯、吴伯超、马思聪、王露、刘天华、赵元任、杨仲子、柯政和、周淑安等。

随着抗日战争的爆发，许多革命音乐工作者奔赴前线。为了满足政治形势的需要，在毛泽东、周恩来等人的呼吁下，鲁迅艺术学院于1937年成立，这是一所无产阶级领导的艺术学府，其所在地为革命圣地延安。次年该学院成立了音乐系，先后由吕骥和冼星海担任系主任。音乐系秉承的教育方针为：一是对进步的、先进的音乐理论与技术进行研究；二是培养抗战音乐的干部；三是对中国的音乐遗产进行研究，并发扬光大；四是促进抗战音乐的发展与繁荣；五是对边区的一般音乐工作进行组织和领导。音乐系开设了很多课程，如音乐史、音乐概论、和声学、作曲法、器乐、声乐表演等。鲁迅艺术学院音乐系的创立为我国培养了许多具有革命思想的音乐从业者，这推动了我国人民解放事业的发展，同时还对音乐文化的发展作出了重要贡献。从1939年开始，随着抗日根据地和解放区的不断形成与建立，许多专业音乐教育机构和学府相继涌现。一些著名的音乐学院包括国立北平艺术专科学校音乐系、国立福建音专、私立西北音乐院等。

在我国音乐教育的发展历程中，近现代专业音乐教育扮演了重要角色。近现代专业音乐教育有着重要的作用：一是为近现代音乐事业的发展作出重要贡献，二是为普通音乐教育和师范音乐教育提供了有力的师资支持，三是近现代专业音乐教育为今天的专业音乐教育、师范音乐教育和普通音乐教育的建立与发展提供了丰富的经验。在过去的几十年里，普通、师范、专业音乐教育得到了极大的发展与进步。这一进步与近代音乐教育的成长紧密相连。为了提高我国近现代音乐教育水平，许多杰出的音乐教育家都作出了重大贡献与努力。

三、中国当代音乐教育

在中华人民共和国成立后，我国音乐教育事业在党的教育方针和政策的指导下，较以前发生了巨大变化，我国的音乐教育事业从此揭开了新的一页。20世纪50年代初，学校音乐教育被列入教育部制订的中小学教育计划中，明确规定，在初中三个年级中均设音乐课，每周一学时。同时受苏联音乐教育的影响，我国普通音乐教育的内容由过去单一模式的唱歌课，逐步过渡到歌唱、欣赏、乐理三项并举的课型上来。这时音乐教育目的已趋于明确，即为建设社会主义造就一代思想好、业务好、心灵美的音乐人才服务。1956年后，在学校"实施智育、德育、体育、美育等全面发展的教育"方针的正确指引下，教育部及各省市教育行政部门，开始组织专家学者编写中、小、幼学校音乐教材和大纲。20世纪60年代初期，我国的音乐教育事业基本上走向正轨，前景令人欣喜。

教育部于1979年在全国九个省市的中小学音乐与美术教材会议上，就音乐、美术教材的教学大纲问题与教材的编写问题进行了研究与探讨。会上还讨论了音乐、美术的教育功能与作用，提出了在小学和中学的课程设置上应给予其适当位置的观点。在1986年的《国民经济和社会发展第七个五年计划》中，明确提出："各级各类学校都要加强思想政治工作，贯彻德育、智育、体育、美育全面发展的方针，把学生培养成有理想、有道德、有文化、有纪律的社会主义建设人才。"[①]

---

① 芜湖生活网.教育目的和教育方针，培养目标，教学目标的区 [EB/OL].（2022-09-04）[2023-02-10].https://www.0553life.com/jiaoyu/842.html.

许多著名的音乐家、教育家纷纷撰文向全社会呼吁重视音乐教育,这些呼吁引起了教育界和社会的重视,人们普遍认为"没有美育的教育是不完全的教育"。据不完全统计,到1987年,全国已有近60所高等师范院(校)设立了音乐专业,许多音乐院校(艺术学院)也开始增设了音乐师范专业,一些中等师范学校相继开设了音乐专业班,这一切都为我国音乐教育的飞速发展提供了重大的师资力量。依据《全国学校音乐教育统计资料》,现全国有小学约80万所,初级中学约9万所,[①]由此可见,加强加快培养音乐师资是我国当代音乐教育的当务之急。

1989年国家教委正式颁布了"全国学校艺术教育总体规划"(1988—2000)。"规划"提出了我国学校艺术教育的发展目标,并从主要任务、学校管理、教学、师资、设备及科学研究六方面提出了具体的要求与设想。可以设想,"规划"的颁布,对于全面贯彻教育方针、完善我国学校教育体制、加强学校的宏观管理、推动我国艺术教育的发展,都具有重要的意义。

21世纪以来,全球化进程给中国音乐教育发展带来了机遇与挑战,掀起了声势浩大的中国音乐教育改革。教育部先后颁布了《全日制义务教育音乐课程标准(实验稿)》《义务教育音乐课程标准(2011年版)》《义务教育艺术课程标准(2022年版)》。随着改革的深入推进,我国音乐教育取得了有目共睹的成绩。各级各层教育行政部门建立专门的管理音乐教育的相关机构,出台的系列指导音乐教学工作的法规和文件,以及愈加完善的音乐教材和音乐设施、器材的配备,标志着我国的音乐教育正朝着理性方向开始向纵深发展。

总之,与近现代相比,我国的音乐教育不管是从音乐教育的普及程度上来说,还是从专业音乐教育和师范音乐教育的现实情况来说,或是从全国人民音乐素质的总体提高来看,都有明显的进步与发展。当然,我国当代音乐教育与发达西方音乐教育相比,还有一定差距,但毕竟较之我们过去的音乐教育是发展和进步了。我国当代的音乐教育方兴未艾,从近十年来我国许多选手获世界性的声乐、作曲、器乐大奖来看,我国当代的音乐教育是有希望的。我们有信心在不久的将来赶上或超过西方的音乐教育,成为当之无愧的"礼乐之邦"。

---

① 梵洲.全国学校音乐教育统计资料[J].中国音乐教育,1989(3):1.

第二节　中小学音乐教育的课标

一、音乐课程标准的含义

"课程标准"一词早在 1912 年南京临时政府教育部颁布的《普通教育暂行课程标准》中就已出现，此后这一词在中国沿用了 40 年。针对小学各科和中学个别科目的课程标准（草案）在中华人民共和国成立初期就已经制定。在 1952 年以后，我国的"课程标准"一词被改称为"教学大纲"，2001 年后，又将其改回原来的"课程标准"。

据顾明远主编的《教育大词典》（第一卷）所述，课程标准是确定一定学段的课程水平及课程结构的纲领性文件[1]。《基础教育课程改革纲要（试行）》（以下称《纲要》）中规定，课程标准是编制教材、进行教学、评价学生学习成果及设定考题的依据，也是国家管理和评估课程的基石。课程标准应该充分体现国家针对不同年龄阶段的不同学生在核心素养方面的基本要求，对各门课程的性质、内容框架和目标等进行规定，并提出相应的教学建议与评价建议。

作为国家教育行政部门的指导性、纲领性文件，课程标准在基础教育课程改革中具有至关重要的地位和作用，它指导并规范了课程开发和实施的要求。课程标准是国家在大部分学生某个学习阶段结果的基础上制定出的、共同的、一致的基本要求，并非最高要求。因此，课程标准并非用于国家培养优秀人才的标准，而是用于确保国家人才培养达到基本要求的标准。它明确说明了不同学段各学科的内容，成为学校、教师和学生对教学计划进行合理规划的依据，还可以作为课程管理的依据，用于检验课程进度、编写教材和进行课程评价等一系列管理活动。

国家针对普通中小学制定的与音乐学科有关的指导性文件是音乐课程标准。音乐课程标准需要同时展示一般课程所具备的特征和音乐学科的独特特点。音乐课程标准详细规定了音乐学科的不同方面，包括课程目标、课程性质、学习方式、学习计划、内容要求、实施建议等，这些规定具有科学性、全面性和权威性。音

---

[1] 钟启泉，崔允漷，张华. 为了中华民族的复兴，为了每位学生的发展——《基础教育改革纲要（试行）》解读［M］. 上海：华东师范大学出版社，2001.

乐课程标准的重要性体现在以下几方面：一是编写音乐教材的重要依据，二是音乐教师进行音乐教学的主要标准与依据，三是对学生的学习进行检验与评价的标准，四是对教师教学质量进行评价与衡量的重要指标。

二、义务教育阶段音乐课程标准

（一）《音乐课标》（实验稿）

《音乐课标》（实验稿）是中小学音乐课程的国家标准，是中华人民共和国成立以来的第一个中小学音乐课程的国家标准，它由国家教育行政部门与音乐教育工作者共同合作制定，同时也由教育学的课程专家与音乐学科专家合作完成，同样是高等院校的教学科研人员与一线的中小学音乐教师和其他音乐教育工作者（教研员、音乐编辑）密切合作、知识互补、经验升华的结晶。

《音乐课标》（实验稿）在理论与实践层面较我国以往实行的《中小学音乐教学大纲》有所突破，具体体现在以下四个方面：

1. 音乐课程基本理念

教学实施的纲领是课程基本理念，包括课程目标、课程结构与内容标准，这体现了学科教育思想和教学方法。对于音乐课程基本理念，《音乐课标》（实验稿）作出如下总结：

（1）核心为音乐审美。

（2）以个人兴趣和喜好作为推动力。

（3）适用于所有学生。

（4）关注个体的成长与个性发展。

（5）注重音乐实践。

（6）对音乐创作进行鼓励与支持。

（7）鼓励跨学科综合学习。

（8）传承和推广民族音乐。

（9）理解文化所具有的多样性。

（10）改进评估体系和机制。

以上这10条基本理念立足于音乐教育的性质和音乐教育的意义,阐明了实现音乐教育目标的教学规律和基本原则,展现了在音乐课堂中"以人为本"教学理念的具体体现。这些理念建立在对国外音乐教育观念的借鉴基础上和国内音乐教育经验的总结上。

2. 音乐课程目标

为了让学生在获得基础知识和基本技能的同时,能够学会学习和形成正确的价值观,根据《纲要》的理念和精神,《音乐课标》(实验稿)将音乐课的目标分为三个维度进行细化和体现,这三个维度分别是:情感、态度与价值观;知识与技能;过程与方法。

在这三个维度中,"情感、态度与价值观"的具体内容:

(1)通过丰富多彩的情感体验,培养学生积极向上、充满乐观的生活态度。

(2)激发学生的音乐兴趣,树立终身学习的愿望。

(3)提高学生的音乐审美能力,陶冶情操。

(4)培养学生的爱国主义和集体主义精神。

(5)引导学生尊重艺术,理解多元文化。

"知识与技能"的具体内容:音乐基础知识、音乐创作与历史背景、音乐基本技能、音乐与相关文化。

"过程与方法"的具体内容:体验、探究、模仿、综合、合作。

这样全方位的目标界定完整地反映了音乐课程的性质和价值,与基础教育课程改革所倡导的教育理念相一致。

3. 音乐教学内容的整合与拓展

《音乐课标》(实验稿)在对音乐课程性质和价值科学定位的同时,重新审视了音乐课程的教学内容,认为音乐的创造性发展价值及人文学科属性应该在教学内容中得到体现,以前的传统教学内容可以在教学领域的平台上整合。新课程整合及拓展后的情况如图1-2-1所示。

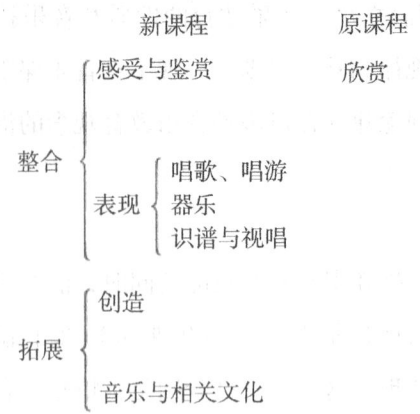

图 1-2-1 新课程整合及拓展后的情况

感受与鉴赏、表现、创造、音乐与相关文化这四个领域是相互包含、相互联系的,是很难被完全分割的。如在"感受与鉴赏"中就包含着"音乐与相关文化";音乐表现过程是对音乐感受与培养的过程,也是对创造力进行展示的过程。当我们加强培养音乐的感受与欣赏能力时,不仅可以拓展音乐的表现维度,还能够促进音乐的创意创造。只有通过参与音乐欣赏、表演和创作等活动,才能真正了解并体验"音乐与相关文化"。之所以作出这样的划分,主要的意义在于立足于传统的音乐教学内容,让音乐教育所具备的促进人创造性思维发展的作用得到发挥,将音乐的人文内涵凸显出来,以提升传统教学中相对较弱的教学内容。

4.教学领域功能与学段内容标准

《音乐课标》(实验稿)明确了不同教学领域的功能及不同学段的内容标准。以"创造"领域为例,《音乐课标》(实验稿)对其教学功能作如下阐述:

在学习中,创造性领域要求学生充分发挥想象力和思维潜能。创造是学生进行音乐创作的重要手段,同时也是对自身创造性思维进行挖掘的过程,有利于培养具备创新能力和实践能力的人才。音乐创造的学习内容可以分为两类:一是即兴创造活动,即挖掘学生潜能的、与音乐有关的活动;二是通过运用音乐材料进行音乐创作。第二类内容与音乐创作有关,但与专业创作学习不同。

这段话不仅阐明了"创造"领域在课程结构中的功能,也对其教学内涵作了概括,是这一教学领域实施的纲领。

《音乐课标》(实验稿)将义务教育的9学年划分为3个学段：1—2年级、3—6年级、7—9年级，根据不同年龄段学生的生理特点和心理特征，以及不同学生的不同认知能力、音乐表达能力的发展程度和感性体验，制定了一套涵盖不同教学领域的标准体系，旨在分阶段、循序渐进地引导学生不断提高自身能力。

(二)《义务教育音乐课程标准》(2011年版)

经过10年试行，在2011年后，教育部启动了义务教育各学科(全部共19个科目)课程标准的修订工作。修订后的《义务教育音乐课程标准》(2011年版)[以下简称《音乐课标》(2011年版)]于2012年秋季在全国范围内执行。修订的主要内容有以下八个方面：

1. 音乐教育活动的育人功能更加突出

在2011年版《音乐课标》中，在"前言"部分明确了修订的价值导向。《音乐课标》制定的目的在于深化教育改革、全面推进素质教育、促进教育公平。在促进教育持续健康发展的背景下，《音乐课标》的制定坚持社会主义核心价值体系，旨在培养学生良好的审美情趣，在提升学生的人文素养方面发挥着重要作用。

《音乐课标》(2011年版)在所有部分都体现了"德育为先、以美育人"的战略主题。比如，在《音乐课标》"课程性质"第二条"审美性"中，就阐述了"以美育人"的教育思想承袭了我国的教育、文化传统，同时也是培养德、智、体、美全面发展的社会主义建设者和接班人这个教育方针的不可或缺的组成部分。[1]

在《音乐课标》(2011年版)的"课程基本理念"上坚持了"以音乐审美为核心"。其显示了"在潜移默化中培育学生美好情操、健全人格和'以美育人'的功能"。并且在"课程基本理念"的其余各条中明确提出了"培养学生良好的合作意识和团队精神""熟悉并热爱祖国的音乐文化，增强民族意识，培养爱国主义情操"。

《音乐课标》(2011年版)强调了音乐课程的总体目标，即"涵养美感、和谐身心、陶冶情操、健全人格"。在该标准中三维课程目标中首位是"情感、态

---

[1] 王林莉.浅谈音乐教学中的德育教育[J].科学导报，2014，000(24)：200.

度与价值观",将音乐课程中的"以美育人"的独特价值进行凸显。①

2. 重新概括音乐"课程性质"

《音乐课标》（2011年版）总结了音乐"课程性质"的人文性特点，即音乐是文化的重要组成部分，是人类智慧的结晶，是人类宝贵的精神财富。不管是立足于文化中的音乐视角，还是立足于音乐中的文化视角，音乐课程中的艺术作品与音乐活动，都包含了在不同文化背景下的创作者、表演者、参与者、传播者的文化主张和思想感情，展现了不同民族的民族精神、情感、性格和在不同民族文化发展背景下的民族性格、情感等，具有浓郁的人文气息。

3. 调整、完善音乐课程的基本理念

（1）将音乐审美作为核心，将兴趣和爱好作为主要动力。

（2）非常注重音乐实践，引导和鼓励音乐创造。

（3）强调音乐的独特特色，注重学科的综合。

（4）对民族音乐进行弘扬，理解文化的多样性。

（5）面向全体学生，强调学生的个性发展。

以上对音乐课程的核心理念进行了强调，即对"音乐审美"的内涵进行了强调，说明了这一理念的基础与依据，并且对《音乐课标》（实验稿）中容易出现的误导性内容进行了修改，如《音乐课标》（实验稿）中的"提倡学科综合"等。

（三）《义务教育艺术课程标准（2022年版）》

1. 艺术新课标的修订思路

（1）艺术共性与个性的统一。按照"总分结合"的设计思路，艺术新课标主要体现在三个方面：第一，体现在课改方向上，即艺术课程形态的整体综合与艺术各学科的个性发展相结合；第二，依据艺术学习规律，对艺术课程学习内容进行一体化的构建，对课程设置坚持先综合后分项、总分结合的方式，将艺术课程的共通性特点，如创造性、审美性、实践性、情感性、人文性等进行突出，将不同艺术学科（如音乐、舞蹈、美术、戏剧、影视）之间的关联性体现出来；第三，

---

① 王莉. 巧用歌曲扩充法提升学生歌唱表现力——谈少数民族歌曲的有效处理[J]. 音乐天地，2016，000（2）：12-16.

为了将艺术的共通性展现出来,在课程性质、课程设计思路、课程理念、课程核心素养、课程目标等方面使用总述的形式,为了体现各个学科所具备的独特特点,在分科课程目标、教学内容、学段目标、教学评价等方面采用分述的形式。

在艺术新课程的整体规划和布局中,学科之间相互关联,将课程内容分成三个板块(图1-2-2)。在1—2年级,艺术教育主要包括"唱游·音乐"和"造型·美术",强调采用生动有趣、富有游戏感和生活化的教学方式,促进幼小衔接和学习兴趣的培养。从3—7年级,以音乐和美术为核心,加入舞蹈、戏剧、影视等元素,提高课程所具备育人的整体性、连贯性和系统性。在8—9年级,学校为学生提供了五个艺术课程选项:音乐、美术、舞蹈、戏剧(包括戏曲)和影视(包括数字媒体艺术)。学生可以根据自己的喜好自主选择两项,引导学生至少掌握两项艺术特长。此举旨在加强艺术课程的贯通性和选择性,为学生个性化学习打下基础,有助于顺利过渡至高中的模块化教学阶段,促进学生更好地在音乐学科领域里发展。

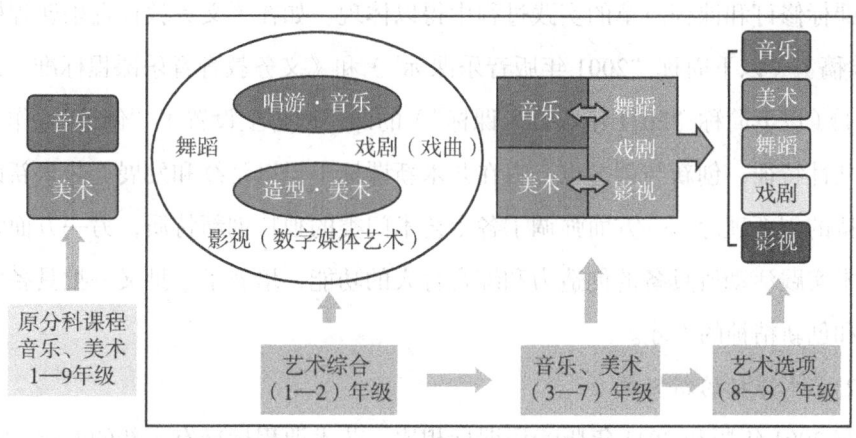

图1-2-2 义务教育艺术课程新形态

(2)凸显课程整体育人与以美育人的统一。艺术新课标的灵魂是艺术课程才能培养的核心素养,也就是"审美感知、艺术表现、创意实践、文化理解"。这是中国学生艺术素养的整体面貌,同时也是课程的"大观念",对艺术新课标的修订与研究进行统领,影响课程体系的重构与发展。艺术教育的核心要素不仅涵盖了各个艺术学科的独特素养,同时也突出了本门课程所强调的共通素养。核心素养注重多方面的能力培养，需要通过实践来实现，更加关注"课程"整体育人，突出强调以美育人。在此基础上，强调以人为本、以文化人，注重培根铸魂、立德树人。

（3）促进课程融合与综合育人价值的统一。艺术新课改应该汲取、吸收和借鉴国内外艺术课程综合的成功经验，在考虑各个艺术门类的综合基础上实现跨学科的综合，主要目的在于实现学生生活与艺术的联系，加强艺术与现实世界的联系，将课程融合发展与综合育人价值进行结合与统一。

（4）学生生活逻辑与学习逻辑的统一。对过去只重视学科逻辑的教育方法进行改革，转为以学生的发展作为中心，注重学生的生活体验。以贴近学生生活和学习逻辑的活动内容为重点，培养学生解决实际问题的能力，使学生成为学习的主人，实现对教育方式的改革，确保教育能够更好地实现育人目标。

（5）培养具备创新精神和实践能力的时代新人。在1999年第三届全国教育工作会议上，我国就已经将"培养学生创新精神和实践能力"确定为课改宗旨，并在课标修订和课程改革的实践过程中得以体现。如在《义务教育音乐课程标准（实验稿）》（以下简称"2001年版音乐课标"）和《义务教育音乐课程标准（2011年版）》（以下简称"2011年版音乐课标"）的课程内容上设置了"创造"。作为艺术的共性特征，创新与创造也一直在艺术新课标中得以延续和发展。艺术新课标所坚持的创新理念，一方面强调了各个艺术门类的独特创新特质，另一方面强调了艺术实践活动所具备的创造力和综合育人的功能，培养了一批又一批具备实践能力和创新精神的人才。

2. 艺术课标的新突破

与2001年版和2011年版音乐课标相比，艺术课程标准有了新的改进，调整了课程的性质、课程内容、课程目标、课程理念、学业评价、学业要求等。在艺术课程性质层面上，相较于2011年版音乐课标的"人文性、审美性、实践性"，新艺术课标在此基础上增加了"情感性""创造性"。该艺术课程的目标已经被扩充，强调了核心素养的培养，并在课程总目标、学段目标、学业质量、课程评价、学业要求、课程实施的整个过程中进行了贯彻。艺术课程理念主要有三条：一是坚持以美育人，二是重视艺术体验，三是突出课程综合。这反映了五个艺术科目的共同理念，也符合本轮课程改革所需的综合化要求和实践性要求。艺术课程内容呈现出更加明确和优化的特点，采用"学习任务"作为组织课程内容的方式，强调课程内容所具备的综合性和引导性特点。在学业评价上更加具体和详尽，在"内容要求"基础上还加入了"学业要求"和"学业质量标准"。艺术新课标的创新点包括以下几方面：

（1）凝练核心素养，凸显课程育人价值。在艺术学科中，核心素养是重要的、核心的观念，它既是实现教育目标立德树人的重要保障。核心素养贯穿于整个课程标准的设计中，对基础教育课程的深度改革与发展起到引领作用。艺术课程所培养的核心素养，是人在艺术成长过程中的要求，也是通过艺术获得终身发展所需要具备的能力与品格，展现了课程所具备的育人价值，立足于为党育人、为国育才，成为本次艺术课标修订的重要亮点和突破点。"审美感知、艺术表现、创意实践、文化理解"是艺术课程培养的核心素养，这些素养的内涵、表现特征和具体内容在《新时代美育文件》中得到详细阐述，彰显了艺术课程的本质特点和其所具备的独特育人价值。核心素养引领和指导着艺术课程标准的研制、课程目标的确定、课程内容的筛选、教学活动的策划与设计和学业质量的确认。在艺术课程实施和教学实践的过程中，我们应培养和发展核心素养。

（2）明确课程目标，落实核心素养。艺术课程培养的核心素养主要是对学生在结束义务教育阶段时，通过本课程的学习，所应该达到的学业成就的期待或者预设。艺术课程培养的核心素养对艺术课程总目标进行了规划，还推动着核心素养课程化发展，是核心素养在具体课程中的落实与实施。艺术课程核心素养的提出是建立在课程具体目标基础上，以教学行为、教学内容、学生学习特征为前提和基础提出的，在义务教育各学段目标的红线中都有所涉及。艺术课程培养的核心素养建立在不同阶段的学生学习特点和能力培养要求基础上，根据艺术学科内容、艺术活动的特征与艺术学段的特点等提出了具备不同的学业考核标准和不同层次素养要求的标准。

多个课程目标可以与一个核心素养相关联，多条艺术课程培养的核心素养也可以与一个课程目标相对应。如艺术实践活动——围绕家乡的歌舞乐《沂蒙山好风光》，让参与者比较不同版本的歌曲演唱、独唱、合唱、器乐，在此基础上进行拓展赏析。从以《沂蒙山好风光》为素材创编的柳琴独奏《春到沂河》到舞剧音乐《沂蒙颂》英嫂主题，学生在这个过程中，对蕴含在民族音乐中的风格美、韵味美进行感知，使学生自身的审美感知能力得到提升；通过多种演出形式，如个人或小组合作的歌唱、声势、律动、舞蹈、诵读等，丰富自己的想象力，提高在艺术表现方面的能力，使自身的创新思维得到发展，提升学生在实践创意方面的能力；可以通过跨学科实践活动深入了解沂蒙山的历史、文化、风俗等，领略我国悠久的发展历程和深厚的文化底蕴，感受民族音乐文化在人类命运共同体建设中的重要作用，同时学会包容、尊重和理解，进而铸牢中华民族共同体意识。因此，多个课程目标体现在艺术课程培养的核心——素养"创意实践"中。

"发展创新思维，提升创意实践能力"的课程目标可以帮助学生在不同的音乐要素和不同的艺术作品中感知音乐韵味，提升自身的"审美感知"能力；在"艺术表现"能力方面可以借助演奏、演唱、律动、舞蹈、戏剧化表演来提升；通过利用不同的生活素材和音源，创造出节奏、声音和律动，为歌曲的演唱或是其他的综合性艺术表演做准备，培养学生的"创新思维"和"创意实践"技能。此外，对于同一件艺术作品，我们应该根据不同年龄学生的特点，提出不同层次的核心素养培养和对应的学业标准评价要求。

（3）结构化的内容组织。①核心素养导向，有机整合学习内容。艺术课程内容组织在艺术审美共通性的核心素养基础上和中国学生发展核心素养的共同育人目标前提下，对学科本位、知识本位的分科与分化进行了突破，将艺术实践作为基础，借助学习任务，将解决问题、培养核心素养作为主线，在对引领艺术学习活动的主体进行选择的时候，应该根据大观念选择综合性强的主体，对学习内容进行整体规划，在整个活动中渗透艺术思维，培养学生的跨学科思维方式和探究能力，积极引导学生进行学习方式上的变革。②静态化结构图表，动态化地呈现课程内容。为了表述的一致性，艺术课程内容分为四类艺术实践，包括"欣赏、表现、创造、联系"（图 1-2-3）。与 2011 年版相比，新版音乐课标将四大学习领域中的"感受与欣赏"修改为"欣赏"，并将原本静态的"音乐与相关文化"转变为动态的"联系"。这一改变意味着，新版音乐课标更加强调培养学生自主思考的能力，还要深入涉及音乐学科与其他艺术领域、不同学科和自然、社会、科技等方面的联系。在与其他艺术学科"融合"中，音乐新课标具有一致性，这从侧面体现了马克思主义哲学中的"事物是普遍联系的"思想观点。③多样化艺术实践，提升核心素养。艺术实践重视学生全身心参与到具体的艺术活动中，如欣赏、聆听、演唱、表演、编创等。学生通过多样的欣赏及实践，可深化音乐情感体验，实现音乐的听觉及感知能力的发展；还可以提升审美感知能力和文化理解的素养；通过参与音乐、舞蹈、戏剧、美术等艺术活动，展示思想和感情，增强艺术表现力；通过尝试各种不同的音乐和声响，进行即兴演奏和音乐编创，实现对创意实践素养的提升；通过音乐与社会生活、各种艺术形式、其他学科、自然界和科技有机地联系与整合，可以实现对于文化理解的素养培养。以上是学生学习艺术，提高艺术修养所必须经历的过程，它们存在着互相影响、互相融合的关系。如对于音乐的理解需要将其融入欣赏、表现和各种形式的音乐表演活动中，创意实践需要融入欣赏、表现音乐等活动中。④驱动性的学习任务，真实情境化学习。学习任务是在真实的生活环境中或真正的学习情境中，需要学生完成具体项目或对问题进行解决。这种任务的完成需要学生综合运用各种学科知识、技能和经验，是艺术实践活动的具体体现。根据不同学段学生的不同年龄，艺术新课标各学科设置了贴近生活和具有趣味性的学习任务，将学习内容融入多种不同任务中。新课标的学习内容主要由多样化的学习任务构成，从整体上来看，呈现出由浅入深的趋势和发展脉络，学生在此过程中，通过结构化的学习任务来达到在真实情境中学习的效果。如，在一、二年级主要设置了四项学习任务，分别是趣味唱游、聆听音乐、发现身边的音乐、情境表演；在三年级到九年级主要设置了六项学习任务，有听赏与评述、独唱与合作演唱等。在音乐学习中，采用生活化、主题化、综合性、情境化的方式，将学习的内容、要求与任务融合在一起。强化课程内容与艺术实践、课程内容与学生生活的紧密联系，重视学生主体性和学习逻辑的培养，注重任务驱动、项目化学习和重视音乐课程实践。

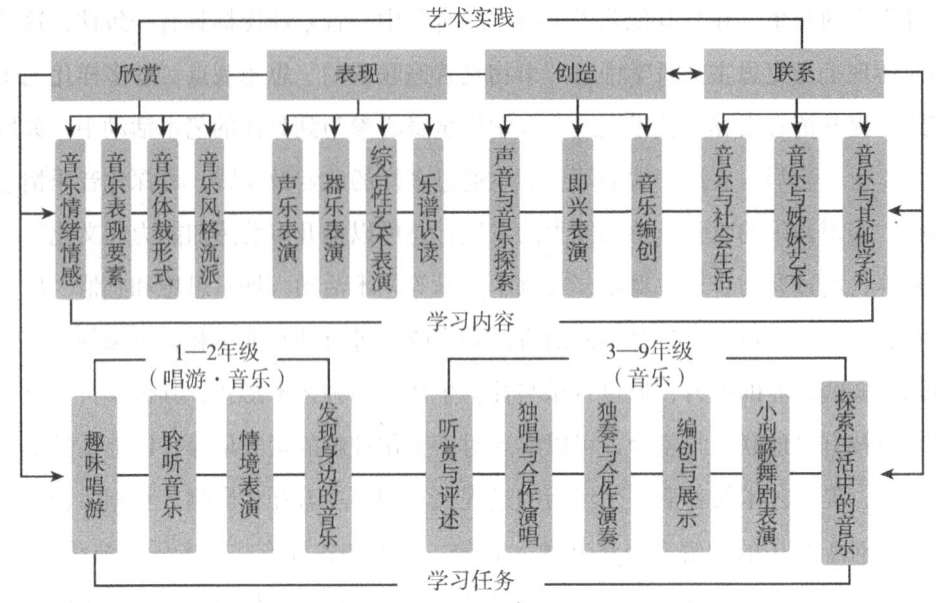

图1-2-3 义务教育艺术课程中音乐学科课程内容结构框架

（4）细化的课程实施要求。实施艺术新课标时，对于课程的实施提出了详细要求，对评价改革重点进行了明确，对考试命题提出了建议，在教材编写上进行了强化指导。还要求加强教研和培训工作，对课程实施进行监测和督导，这些都为艺术新课改的成功实施指明了方向。

艺术新课标的"评价建议"旨在帮助教师了解评价原则、评价内容和评价结果呈现及应用，包括学习态度、学业成就、过程表现等方面。我们需要持续采用多种评价方式，包括但不限于多元主体评价、过程性评价、开放性评价、增值性评价等，从而达到通过评价来促进学习的目的，保持教、学、评、促的一致性和整体性，并展现艺术素养培养和发展的特点，即连续性、综合性和实践性的特点。

"考试命题建议"主张采用艺术实践的方式（如表演、创作、展示、赏析等）来考查学生的学业水平，以评估学生在表现、欣赏、创意等方面的能力，并反映出他们的价值观念、审美情趣等。这种方法避免了只考察零散、孤立的知识和技能，积极尝试利用信息技术，并将艺术类科目纳入中小学学业水平考试范围。

在编写教材和开发、利用教学资源时要体现以下特点：一是导向性，要树立"四个观念"，坚持正确的价值导向；二是艺术性，对艺术课程所具备的审美性、创造性、实践性进行强调，实现以美育人；三是民族性，树立"民族自信"，构建以"三种文化"为主体的中华母语音乐文化课程内容体系；四是人文性，精心挑选具有代表性的学习资料，突出教材的文化内涵，培养学生成为具有文化修养的人；五是实践性，为学生提供具有艺术特色的、充满情境化、生活化、可操作性的实践活动；六是时代性，艺术活动与现代科技紧密结合，提升时代特性，推动课程资源数字化发展、网络化发展；七是丰富性，将校内外多种艺术课程资源整合、共享，对课程内容进行不断丰富；八是结构化，对教学内容的组织采用多种方式，如大单元、项目化、主题式等，促进内容之间的综合和联系。

教师在课标实施及教学改革中扮演着重要角色，是教学改革的关键。为此，我们需进一步完善教师培训制度，向所有艺术教师提供培训机会，采用多元化、多样化的培训方式，鼓励自身培训，并对培训内容进行精心设计；完善音乐和美术教研员的培训制度，促进舞蹈、戏剧、影视教研员队伍的建立，在有条件的区域先行推进，以提高教研水平；加强教师的实效性教学研究，采用基于问题导向的实证研究和行动研究，采用重点关注关键问题的主题式教研和互动型教研，并对校本研修制度建立和完善，以实现教、研、训一体化发展，以此应对新的艺术课程教学要求。为了满足未来新的艺术课程和课程标准的刚需，我们要确保配备足够的优秀艺术教师，并提高整个教师队伍的水平；必须密切关注乡村地区艺术教育计划的实施情况，切实采取多项措施，推动义务教育全面、均衡发展。

第三节 中小学音乐教学的功能和原则

一、音乐教学的基本功能

基于上述我们对音乐教学过程所承载的价值内涵和研究思路的阐述，可以明确看出，音乐教学过程不是脱离教学活动孤立存在的，而是由许多因素综合作用于音乐教学活动所形成的运行过程。在音乐课程标准指导下的中小学音乐课堂教学，其教学过程体现的基本功能主要有以下三个方面：

（一）体现教学理念，实现教学目标，形成教学质量

1. 体现教学理念

教学理念是指教师在从事教学活动时所持有的教学信念，表达明确的教学理念对教师从事的教学活动有着极其重要的指导意义。将教学理念转化为教学过程中的具体教学行为，依赖于音乐教师对教学理念的理解以及丰富的创造力。在每一次的导入新课、学唱新歌、欣赏新作品的过程中，教师都要创设各种生动活泼的教学形式，激发学生学习音乐的兴趣，创编各种适合全体同学参与的音乐实践活动和综合艺术表演活动，开发每个学生的音乐潜能，使他们的音乐鉴赏力、表现力和创造力得到全面提升。在教学过程中的每项教学活动，闪现的不仅是教学理念的灵魂，更是音乐教师教育智慧的火花。

2. 实现教学目标

教学目标是音乐课程的核心，是指师生通过教学活动预期达到的结果或标准，主要描述学习者在学习后预期产生的行为变化。教学目标的实现依赖于教学过程中的具体教学行为，教学活动追求什么目的、要达到什么结果都会受到教学目标的指导和制约。教学目标对音乐教师的教学活动有导向、规划、调控作用。正确、合理的教学目标会引导教师有目的地教学，从而产生良好的效果，否则就会导致无效的教学。

在音乐教学过程中，强调音乐教师应重视教学目标的设计，并在此基础上实施音乐教育活动、紧扣教学目标。在教学过程中，教师要根据学生的实际情况，有针对性地采取不同的教学方式服务于教学目标。在设计音乐教学目标的时候应该注重以下四个方面的培育：一是审美感知，二是艺术表现，三是创意实践，四是文化理解。在音乐教育中，教师为了实现教育目标进行的教育活动，必须贯穿于教育教学的全过程。

3. 形成教学质量

音乐课程通常以是否实现教学目标来衡量教学任务是否完成，以教学任务完成的效果好坏来评价教师的教学水平高低，以学生的学习效果好坏来评估音乐课的质量高低。因此，实现音乐课程教学目标的过程也是教学质量形成的过程。

教学目标由三个层次构成，即音乐课程的总目标、学段目标以及各教学领域内容的教学标准。第一层次为总目标，定位的是音乐课程的教学方向；第二层次为学段目标，针对不同年龄的学生制定不同的学习内容和标准；第三层次为教学标准，针对的是不同领域中各知识点学习内容的标准。三层目标定位科学、环环相扣，从而构成了音乐课程质量的标准体系，为音乐教师制定可行的教学目标提供了依据。在制定教学目标的同时，还应设计与之相对应的教学活动，使教学目标在教学过程中得到落实。

（二）开展实践活动，感知、体验音乐，共享音乐快乐

1. 开展实践活动

音乐创造是音乐实践的重要内容，音乐课程的教学过程也可以看作一个音乐艺术的实践过程。故而，在所有的音乐教学领域中，对于学生的艺术实践应该给予重视，让学生积极参与到各种音乐活动中，在走进音乐世界的过程中获得审美体验。

在教学过程中，音乐教师可以针对不同年级、不同课程，开展不同形式的教学实践活动。如，一、二年级学生在欣赏音乐时，可以用自己的嗓音模仿歌曲或者是敲击乐器模仿歌曲，并根据歌曲的情感作出体态反应；老师在教唱歌曲时，可以开展律动、集体舞、音乐游戏、歌舞表演等综合性艺术实践活动。七至九年级学生在欣赏音乐时，可以由教师引导其随音乐声哼唱音乐主题，并能运用适当的形式对所听音乐作出反应。在进行综合艺术表演活动的时候，可以让学生在所学习的歌曲、乐曲基础上，创设简单的表演情景或者做形体动作，对简单的音乐剧、歌剧、京剧、曲艺片段、其他戏曲等进行学习与表演。这些丰富多彩的教学实践活动可以激发学生的学习兴趣，使课堂气氛轻松活泼、教学过程充满活力。

2. 感知、体验音乐

音乐是音响的艺术、情感的艺术，完整聆听音乐作品是感知、体验音乐的基本途径，演唱、演奏、编创是表达音乐的基本技能。在教学过程中，音乐教师要积极引导学生参与到实践活动中，如聆听、演奏、演唱、编创和综合性艺术表演等，让学生多听音乐、多唱歌曲、多接触乐谱、多演奏乐器，持续积累音乐实践经验。

学生可以在教学的过程中学习音乐知识与技能，加深对音乐的理解与表达，收获感知体验。学生在学习运用演唱技能表现歌曲的过程中，获得对歌曲内涵的理解和情感体验；在学习运用优美协调的肢体语言表现音乐的过程中，获得对音乐节奏感与韵律感的感知体验。学生多掌握一种音乐技能，就多获得一种表达音乐的能力，也就多收获一份对音乐的感知体验。音乐教师在教学中引导学生开展各种音乐实践活动，让学生在亲身参与的过程中获得对音乐的感知体验。

3. 共享音乐快乐

"重视音乐实践活动"这一理念的提出，从根本上改变了学习音乐的方式。轻松活泼的课堂气氛和师生互动的学习方式使音乐教学过程成为师生共享音乐快乐的过程，学生对音乐的理解完全建立在对音乐体验的基础上。

在教学活动中，学生是主体，而教师则是教学活动的组织者和引导者，要积极地引导学生参与各种演唱、演奏和综合性艺术表演活动，使学生在集体活动中释放情绪、抒发情感、张扬个性，获得精神的愉悦。教师与学生在音乐活动中共同探究、发现、领略音乐的艺术魅力，共享音乐的快乐。

（三）学习音乐基础知识，掌握音乐基本技能，拓宽学生文化视野

1. 学习音乐基础知识

在九年制义务教育阶段，音乐基础知识是音乐课学习的主要内容之一。在音乐课程的学习中应该积极掌握音乐的基础知识，如速度、力度、音色、节拍、节奏、旋律、和声、调式等音乐基本要素，音乐常见结构、音乐体裁、音乐风格流派识谱等。

音乐基础知识作为音乐作品构成的基本要素，扮演着表现作品主题和刻画音乐形象的语言角色，对提高学生鉴赏音乐的能力具有重要意义。中小学生学习音乐基础知识不能脱离音乐作品，更不能脱离音乐实践活动，应结合所学的歌曲或欣赏的音乐作品，有计划、有目的地进行学习。因此，教师要具备在教材中发现和挖掘音乐基础知识点的能力，还要设计生动有趣的教学方法，将其巧妙地贯穿于教学实践活动中，让学生得到练习、巩固和领悟。

2. 学习音乐基本技能

在音乐基本技能的学习中，主要指的是学习演奏、演唱、创作的初步技能，

让学生在演唱歌曲的时候可以更加自然、自信、有表情,掌握音乐创作的基本方法。基于音乐听觉感知,在音乐实践活动中进行乐谱的识读和应用,这是与音乐基础知识具有同等重要地位的学习内容。

如果说音乐基础知识的学习能够丰富学生的内在音乐素养,那么音乐基本技能的学习则能提高学生外化音乐的能力。音乐是音响的艺术,需要演员的二度创作,而演唱、演奏的水平决定了音乐的感染力。学生只有具备了一定的音乐基本技能,才能自信地参与各种音乐实践活动,更好地表达对音乐的热爱和理解。教师指导学生学习音乐技能的过程是音乐课最富有音乐气氛的过程。

3. 拓宽学生文化视野

通过音乐课程的教学拓宽学生的文化视野,提高学生的人文素养,是这次课程改革的重要内容。教师在进行音乐教学的时候,要与音乐教材相结合,让学生对国内外音乐发展的历史有所了解,初步认识一些有代表性的音乐家,对不同时代、不同民族的音乐有一个大致的了解。了解音乐与其他艺术之间的联系,对不同艺术门类的表现手法和艺术形式特征有所感知;了解音乐与除艺术以外的其他学科之间的关系,实现对音乐文化视野的拓宽;以自己的生活经验和所学过的知识为基础,去认识音乐所具有的社会功能,对音乐与社会生活的关系进行了解。

学生坐在教室里就可以了解海南的椰林、非洲的鼓乐、意大利的贡布拉;学生可以乘着歌声的翅膀遨游全球,认识世界各民族音乐文化的丰富性和多样性,了解世界各民族文化的风格和特征。音乐课把学生的视野扩展到了世界各地。

二、音乐教学的原则

(一)具体原则

1. 音乐性原则

音乐性原则指的是在音乐教学中,音乐教师自始至终都将音乐放在首位,在开展教学活动的时候依托于音乐的学科特点。

音乐是一门听觉的艺术,学习音乐的基础在于听觉体验。因此,培养学生的音乐听觉应该贯穿于整个音乐教育过程。教师在进行教学的时候，应该积极引导学生爱上音乐，在学习中加深对音乐的理解，挖掘作品中蕴含的音乐美；教师还可以用自己对于音乐的感悟激发学生，让学生产生情感共鸣；教师应不断改进自己的教学技巧，向学生传递音乐的美；要借助于生动的形式来推动教学，在音乐实践活动中开展思想品德教育，让学生在一种充满艺术气息的环境中得到审美享受，达到以美育人的目的。在唱歌、欣赏的教学活动中，教师要注意从音乐要素入手，引导学生理解和感知音乐语言的表现作用，通过师生互动共同打造具有强烈音乐气氛的音乐课堂。

2. 教育性原则

教育性原则是指音乐教师在教学过程中，利用音乐教材中的教育元素，对学生进行思想品德教育。中小学生正处于世界观、人生观、价值观形成的关键时期，思想品德的形成需要家庭、学校、社会各方面的配合教育。通过聆听、感知、体验过程来影响学生审美意识的音乐课程，有着其他学科不可替代的寓教于乐、潜移默化的教育特点。因此，音乐教师在教学过程中，要依据情感、态度与价值观中的五个培养方向，合理制定教学目标；善于挖掘音乐教材中的思想教育内容，提高学生的思想情操；充分运用丰富多彩的教学活动，如合唱、合奏等集体活动，培养学生的团队精神、合作意识；运用教学中的即兴创作活动，培养学生的创造意识，以充分发挥音乐课的教育价值。

3. 科学性原则

所谓科学性原则，是指音乐教师在教学过程中，注意音乐知识、技能的准确性、严谨性，遵循学生音乐学习的认知规律。

音乐的知识与技能都有其自身的体系和规律，音乐教师在教学中应以科学的高度要求自己，做到正确传授音乐知识与技能，不出现任何知识性错误，这是对科学的尊重。因此，教师要认真对待课前案头准备工作，做好学唱分析作品工作，应准确熟练地唱会每一首歌曲和每一首乐曲的主题音乐，熟知作品的表现手段、背景以及其他相关知识。教师只有在自己熟练掌握作品的情况下，才能把注意力放在学生身上，有精力关注每个学生的一举一动，根据学生课堂上的表现因材施教，灵活自如地驾驭音乐课堂教学活动，达到充分发挥自己教学创造力的境界。

4. 情感性原则

所谓情感性原则是指音乐教师在教学过程中，善于利用音乐的情感艺术特点，激发和调动学生的音乐激情和音乐表现力，对学生进行情感教育的教学活动。

音乐是一门情感的艺术，每一部作品都凝聚着词曲作家对生活、大自然和中华民族的深厚感情。学生在学习这些作品的过程中，情绪上不仅会受到作品情感的强烈感染，精神上也会直接受到鼓舞和影响。教师要通过分析作品内容的情感内涵，启发学生有感情地歌唱，因势利导，对学生进行关爱、尊重、孝敬等情感教育，让学生通过歌声传达出对人性中最高尚的善良、热情、友爱等优良品质的追求，实现在音乐教学过程中培养学生形成高尚人格的教育目标。

5. 综合性原则

综合性原则指的是在音乐教学过程中对教学内容的综合以及教学活动形式的综合。教学内容的综合主要指音乐文化与姊妹艺术及其他相关文化方面的拓展和联系，教学活动形式的综合主要指综合性艺术表演活动形式的运用。

在音乐教学过程中，采用音乐与相关文化的教学内容，可以扩大学生的文化视野，提高学生的人文素养；开展综合性艺术表演的实践活动，可以培养学生多才多艺的综合素质。音乐课的目标不是培养音乐家，而是培养音乐爱好者，我们国家的教育目标是培养全面发展的综合素质人才。这次课程改革的任务是在九年制义务教育阶段实现素质教育，而音乐课综合性的教育效果对实现素质教育具有重要意义。

6. 创造性原则

所谓创造性原则是指音乐教师在音乐教学过程中，充分发挥学生对音乐的想象力，给学生提供编创音乐的机会，从而培养学生的创造力。

现代教学观强调对学生创造能力的培养，并且音乐是一种有着非常强的创造性的艺术形式，所谓的音乐创造主要指的是在中小学阶段的音乐教学过程中的即兴创造，以及借助音乐材料进行音乐创作的一种活动。在音乐教育中，无处不在地存在着激发学生创造力的机遇。在整个的教学过程和教学领域中，教师应该将培养学生的创造力贯穿其中，引导和启发学生进行创造性的艺术表现，对于学生不可以用"标准答案"去束缚。也就是说，对于同一个练习，可以有多个答案；

对于同一首歌曲，可以有着不同的理解，有不同的处理方法。在音乐活动中和教学活动中，要注重创作的过程，并对学生的创造精神进行培养与激励。

（二）音乐教学原则的运用

音乐教学原则是在长期的音乐教学活动中逐渐形成的。它来自教学实践，是教学实践的总结，反过来指导并影响教学实践，具有较高的概括性、广泛的适用性和较大的灵活性的特点。教学原则的生命力存在于教学实践中，以教学实践为基础，并接受教学实践的检验，所以应言简意赅、要求明确、便于运用。

一节成功的音乐课是由多项音乐教学原则综合运用的结果，教师在教学过程中不能只突出其中的某一项原则。假如过于强调教育性原则，会导致说教成分过多而影响音乐课的音乐性；如果在教学过程中一味地强化学生的音乐知识与技能，就有可能忽略其他教学原则。教师在教学过程中要正确理解每项教学原则的作用，从教学实际出发，灵活掌握、合理运用，有针对性地选择正确的教学方法，并将其有计划、有目的地贯穿于教学过程的每个环节中。

这些基本原则不仅能够指导教师在音乐教学过程中的教学行为，也是评价音乐教师教学行为、衡量音乐课教学质量的理论依据。新的教学理念对教师的教学行为艺术提出了更高的要求，这不仅体现在教学语言、教学仪态、教学组织方面，在教学理念或其他方面也已形成了影响音乐课教学质量的重要因素。音乐教师对教学原则的创造性运用能力，将是未来教学评价中的重要指标。

第四节 中小学音乐教学的过程

"教学过程的规律，简称为教学规律，是教学过程中必然存在的、稳定的联系。所谓基本规律，就是那些不但具有必然性和稳定性，而且对教学过程的性质、方向和结果具有决定作用的本质联系。"[1] 教学过程是一种客观的运动过程，其自身的运动和发展有着客观规律性。探索并认识其中的规律，目的是遵循教学规律进行教学设计，构建教学模式，以保证教学过程的顺利运行。

---

[1] 李秉德.教学论[M].北京：人民教育出版社，2000.

音乐教学过程是一个系统工程，其运行主要有三个阶段，即运行前准备阶段、运行中展开阶段和运行后总结阶段。

一、运行前准备阶段

运行前准备阶段即备课阶段。所谓备课阶段是指熟悉教材、设计教学、编写教案的阶段，也可被称为案头工作阶段。教师在上讲台讲课前为课堂教学所做的一切准备工作都属于运行前准备阶段，包括制订学年计划、学期计划、单元计划和课时计划内容。学年和学期计划在学期或学年开始时制订，将一学年或一学期的教学任务和要求，以周为单位进行教学进度安排；单元计划是指把一个单元中的教学内容进行课时分配；课时计划是指针对一个课时的教学而编写的详细方案。这里重点介绍编写课时计划应做的准备工作。

（一）熟悉教材

熟悉教材是备课的第一步，是教师对所教歌曲或欣赏乐曲进行了解的过程。音乐是音响的艺术，不论是器乐作品还是声乐作品，单从教材方面了解并不能对作品有一个完整的印象。因此，必须找到作品的音像资料反复聆听；对于没有音像资料的作品，教师本人一定要反复演奏、演唱，通过亲身体验充分感知音乐的表现手法和风格特点。

（二）学情分析，查阅资料，选择组合教材

学情分析是指对教学对象基本情况的分析，分析内容主要包括教学对象的心理特点，兴趣特点和能力特点。1—9年级学生的年龄一般为7～16岁，按其年龄段划分成3个学段，针对每个学段的身心特点制定了相对应的教学目标。如，1—2年级学生在身体和心理上的特征是具有强烈的好奇心，有着非常强的模仿能力，喜欢动；在3—6年级，学生的生活空间得到了拓展，认识领域得到了进一步发展，他们的经验和感觉得到了加强，他们的探索能力和创新能力得到了提高。这些内容为我们备课提供了重要依据。备课还要考虑到学生的能力，就是学生现有的音乐基础，这样有利于教师把握教学内容的深浅程度，选择恰当的教学方法。

查阅资料是指围绕本节课教材所进行的文献、音像等资料的收集工作，以了解作品的出处、创作背景和与作品表现内容相关的文化资源为主要目的。如，人音版八年级上册第一单元的《青春舞曲》是由"西部歌王"王洛宾先生在20世纪40年代从一个维吾尔族商人口中采风收集加以整理而成的。与作品相关的文化资源范围很广，包括与新疆维吾尔族有关的文化、宗教、风俗、乐器、舞蹈等内容。这些资料穿插在教学过程中，可以让学生了解教材的文化内涵，对体现音乐与相关文化的理念、扩大学生的视野具有至关重要的作用。

选择组合教材是指教师在充分了解学生和教材的基础上，对教学内容进行选择整合的工作。教师为了使学生保持学习兴趣，避免单调枯燥的学习内容，一般一节课内的教学内容和形式不能少于三个，如基本训练、学唱新歌和音乐欣赏，学唱新歌、律动表演和音乐创作，复习歌曲、音乐欣赏和打击乐演奏等。组合的内容最好符合丰富多样、动静交替，有利于学生综合素质全面发展。

（三）教材分析，构思方法，确定教学目标

教材分析指的是对本节课教材歌曲或乐曲所进行的音乐外部和音乐内部的分析。外部分析包括作品的历史背景，作曲家生平，作品的题材、体裁、风格等；内部分析主要指对音乐主题、音乐形象、表现手法等方面的分析，一般从音乐要素如节奏、旋律、曲式结构、力度、速度等入手，以了解歌曲或乐曲所表达的意境和思想感情。由于教材的分析要写在教案中，因此，怎样归纳总结、如何简明扼要地表述，也是教师需要掌握的技巧。

构思方法是指在熟悉教材、了解课标、查阅资料、学情分析等工作的基础上，教师在头脑中形成的教学方案，就像构思一篇文章需要打腹稿一样。教师可以充分展开想象，运用直接和间接经验，大胆设想教学的过程与方法，反复比对和选择各种教学方法，挑选最能激发学生兴趣、最易让学生接受新知识、开发想象力和创造力的方法，并要考虑方法实施的可行性和产生的效果。

确定教学目标是根据学生实际情况确定的。本节课学生要达到的目标，是指在表述的时候，对学习者通过教学能达到学习效果的一种具体、明确的表述，它主要对学习者在学习之后，对期望产生的行为变化进行描述。

教师一定要根据新课程标准中教学目标的审美感知、艺术表现、创意实践和文化理解这四维内容来制定。

二、运行中展开阶段

运行中展开阶段即教师进行教学活动的课堂教学阶段，简称上课阶段。教育部规定，小学阶段一节音乐课时间一般为 40 分钟，初中为 45 分钟，高中为 50 分钟，期间为教师的教学过程。曹理先生曾指出，音乐课的结构是指一节音乐课各部分内容之间的联系、顺序及学习时间的分配。课堂教学的结构就是一节课教学过程的计划安排。音乐课的结构是教学过程中一定的阶段或环节的合理顺序。

我们根据起、承、转、合的发展规律可把教学过程分为四个阶段，即开始阶段、新课阶段、拓展阶段和结束阶段，由此构成音乐课结构。每个阶段在整个音乐教学过程中承担不同的任务和要求。

（一）开始阶段

音乐课开始阶段的主要任务是组织教学、诱发兴趣、导入新课。组织教学的目的是稳定学生情绪，让学生从课间休息状态转移到上课状态。一般采用师生问好的方式，也有老师采用开门见山、直接导入新课的方式，尽快地集中学生的注意力并调动学生的兴趣。新课导入时间不宜过长，一般为 1～3 分钟，通常以故事、谜语、谈话、律动、游戏、情景、唱歌、图片等不同形式创设意境导入新课。设计一个好的导入方式，音乐课就成功一半。好的导入方式能产生出其不意的效果，给学生启发，对将要开始的新课起到铺垫作用，为新课营造一种气氛或意境，激发学生学习的欲望。可以说，设计一个好的导入方式是音乐教师智慧和创造力的体现。因此，根据教材内容结合生活实践设计导入方式，是重要的方法之一。

（二）新课阶段

新课阶段是音乐课的主体部分，主要任务是传授新知识。经过开始阶段的导入，这时是课堂秩序最安静、学生注意力最集中的时刻，学生对学习新知识充满期待，所以教师要抓紧时间讲新课。一般以学唱新歌曲、欣赏新作品、识读乐谱、基本训练等内容为主，教师要依据学生的认知规律和教材内容的特点安排教学顺序。

新课阶段是音乐课的重要环节，教师在传授新知识的过程中，要始终注意观察学生的学习兴趣，随时调整学生的情绪，及时发现和处理突发事件，鼓励学生参与音乐实践活动，让学生在体验感受中提高对音乐的理解能力。此阶段时间一般为25~30分钟。

学唱新歌曲一般经过熟悉—学习—熟练三个过程。熟悉歌曲主要采取聆听的方式，通过讨论交流，帮助学生理解歌曲内容；歌曲学习包含对歌词、节奏、旋律等要素的分步学习与掌握；熟练过程是指在学会歌曲的基础上，对歌曲熟练的过程，包括对歌曲的处理及练习。

欣赏新作品的规律一般为感性认知—理性认知—整体认知。教师先通过整体欣赏，让学生对作品有一个整体感受，然后按作品的段落逐步详细分段欣赏，从音乐要素入手，分析作品中音乐语言的作用，达到对作品整体认知的目的。

（三）拓展阶段

拓展阶段是指教师在完成新知识学习任务的基础上，为了拓宽学生的知识面、丰富学生的人文修养、提高学生的音乐表现力和创造力而开展活动的阶段。这一阶段的内容应是新课内容的延伸或拓展，与新课内容有一定的逻辑关系，如复习旧歌、欣赏作品、了解相关文化、创造音乐、综合表演、巩固练习、乐器伴奏、音乐游戏等。教学方法可采用自主学习小组合作、集体表演、讨论探究、个别展示等。教师可以通过合作的手法，加强学生之间的交流和启发、碰撞和激励，促进学生音乐思维能力、想象力、创造力、表现力的提高。此阶段时间不宜太长，一般为10~15分钟。

（四）结束阶段

音乐课的结束阶段是整节音乐课的终结，具有收束作用。结束的形式由音乐课的内容决定，可以采用课堂小结方式，教师简明扼要地对所学内容进行总结；

可以采用实践活动的方式,一般是拓展部分教学内容的延续。不同的结束方式可以产生不同的效果,以精辟的语言概括总结教学的知识点或重点,可以起到画龙点睛的作用;在学生情绪高涨的音乐活动中结束,可以让学生在满足中对音乐课充满留恋。结束部分时间不宜太长,一般为1~3分钟。

三、运行后总结阶段

运行后总结阶段是指在音乐课教学后,教师对音乐课堂教学效果的自我反思和评价,以及学生对教学效果的信息反馈与评价。现代音乐教学论认为,教学工作是一个不断发展变化的动态过程,建立全面、准确、真实的教学评价反馈制度,可以根据现状与目标的偏离程度,找到教学活动中存在的问题与症结。

(一)回顾与反思教学效果

音乐课教学效果的回顾与反思即音乐教师个人对教学活动的回顾与思考评价过程。音乐教师在课堂教学活动结束后,会对音乐课的教学过程有一个总体感受,会情不自禁地回顾教学过程中的每一个细节,这是教师自查教学质量和总结教学经验的自觉行为。教师要珍惜这个回顾,及时将领悟到的问题进行认真思考与记录总结。反思的内容包括教学目标是否达到,教学任务是否完成,学生的情绪、兴趣是否一直很浓厚,设计的教学过程是否合理,教学方法是否有效,学生是否能够接受,哪些学生表现出色,哪些学生表现相对差一点,下一次上课要怎样做更能引起学生的兴趣等。这些问题能够帮助教师制定和选择下一节音乐课的教学内容和目标。

(二)教学后的评价

中小学音乐教学的评价基于国家规定的义务教育艺术课程标准,在教学目标的基础上,以音乐教育的价值观为指导,对有关的教学资料利用科学可行的手段进行收集和分析,从多个方面全面地考察音乐教育,评估教学过程和效果,对学生的能力发展作出价值判断。评价音乐教学的效果主要取决于达到教学目标的程度。中小学音乐教学评价是提高音乐教育质量的过程,是为教育决策提供依据的过程。

1. 对课程的评价形式与方法

在课程的评价形式与方法上，主要包含两个方面：一是形成性评价与终结性评价相结合，二是定性述评与定量测评相结合。

首先，形成性评价与终结性评价相结合。所谓的形成性评价主要指的是在学习过程中，对学生的情感、方法、态度、知识、技能等发展变化的评价。所谓的终结性评价，主要指的是考核学生在某一个阶段的音乐学习，通常会在期末进行。课标提出了具体指导，建议采用聆听、演唱、演奏和综合性艺术表演等方式来考查学生的表现，以帮助教师更好地完成这一环节的实际操作。无论是形成性评价还是终结性评价都拥有各自的优缺点，因此，应该采取优点互补的策略。

其次，定性述评与定量测评相结合。定性述评主要指的是在音乐的学习过程中对一些可以使用准确的文字来完成内容评价的定性评价，例如对艺术表现、审美感知、文化理解、创意实践方面的评价，有着非常大的工作量，但是在实际操作的时候有一定难度。定量测评主要是针对各种教学领域内容进行的量化评估。定量评价非常容易实施，但是为了保证评价的准确性、真实性、方便性，应该将定性述评与定量测评相结合。

2. 对教师的评价形式与方法

对于教师的评价，常用的方法有以下几种：一是领导评价，二是同行评价，三是学生评价，四是教师自我评价，五是对学生成绩的分析。

第一，领导评价。教师的工作表现需要领导进行客观评估，尤其是那些有着丰富教学经验的领导，他们更具备评估教师工作的能力，应该对教师工作进行正确恰当的评价。要想全面了解教师的情况，必须多与教师接触，经常参加听课活动，努力对教师的信息进行全面掌握。

第二，同行评价。在评价教师的过程中，同校的教师、校外的教育工作者和专家等都能够对教师工作作出适当的评价。由于同属于一个专业领域，他们对于评价要点的掌握能力和问题的发现能力都更为熟悉，因此，这种评价更具说服力和科学性。

第三，学生评价。教育的目标和对象是学生群体，学生是教师进行教育的亲身体验者。因此，学生评价能够准确地反映出教师的素养水平、教师的教学态度和教师的教学表现。在教师评价中，学生针对教师的评价是一项重要且可靠的信息来源。

第四，教师自我评价。教师可以依据指定的标准对自己作出评价，还能够获取来自学生、领导和同事的反馈意见，通过这些意见和反馈，提高和改进自身的工作。

第五，学生成绩的分析。教师的教学重点及其价值可以通过学生的成绩来评估与判断。但是，学生的成绩不应作为评价教师的唯一依据。

3. 对学生的评价形式与方法

针对学生的评价可以采取多种形式和方法：一是音乐成长记录袋的评价方法，二是学生间互评的方法，三是试卷测试的评价方法，四是通过观察的方式进行评价等。

第一，音乐成长记录袋的评价方法。音乐成长记录袋主要是用来记录学生在音乐学习过程中的经历和所取得成果的工具，如歌曲的歌词和曲谱、考试成绩、学习笔记、演唱练习、录音录像、演出照片、光盘。通过这些记录，可以展现学生音乐学习的发展历程，有助于激发学生的音乐学习热情，是学生音乐学习成长与进步的重要见证。音乐成长记录袋的评价过程需要将激励性和导向性相结合。促进每个学生的发展是评价的最终目的。在对"成长记录袋"进行设计的时候，应该对学生个体的纵向发展更加关注，对学生的个体实施动态的、过程性的评价。在对"成长记录袋"进行使用的时候，学生可以明确自己的进步情况，感受到成功，也可以对自身的不足进行积极反思，主动寻找改进的途径与方法，实现自我完善。

第二，学生间互评的方法。同学间的互评一方面是一种相互评价的过程，另一方面也是一种相互学习的过程。通过学生之间的互评，可以对他人的优点有深入的了解，也能让自己更好地学习他人的优势，对自己的音乐学习方式进行改进。

第三，试卷测试的评价方法。通过考试来评估，采用试卷命题的方式，能够涵盖更广泛的知识内容。这种测试方法适用于音乐教学的所有阶段。

第四，通过观察的方式进行评价。教师可以在音乐教学的过程中，对学生的学习状态和学习反应进行及时观察，如，教师即兴弹奏乐曲学生走步，学生应该根据乐曲速度、乐曲力度、乐曲行进、乐曲休止等变化作出反应,如果学生的步伐有误,必须立即离开队伍,走步正确的学生继续随着音乐前进。这种练习可以帮助学生长时间保持注意力的集中,老师在弹琴时能够察觉哪位学生出错了。学生可以在走步的过程中检验自己对音乐理解的正确性,同时教师也可以通过不断观察学生的走步和表现,及时进行评价。

第五节 中小学音乐教学的方法

一、奥尔夫音乐教学法

(一)内涵

卡尔·奥尔夫创立了一种音乐教育体系和教学法,被称为奥尔夫音乐教学法,他是一位德国作曲家、音乐教育家。20世纪,年轻的奥尔夫被欧洲兴起的"回归自然"的"青年运动"深深吸引。他受到当时"舞蹈新浪潮"派的舞蹈家玛丽·维格曼的影响,开始尝试音乐和舞蹈相结合的方法。奥尔夫与友人京特在1924年共同创立了"京特体操—音乐—舞蹈学校"。他们试图探究音乐和动作结合的方法,并致力于研究音乐教育,对音乐教育进行实践。

奥尔夫音乐教学法不管是在理论原则上,还是在教材与教法上,甚至在教学实践方面都具备完整的音乐教育体系。该体系创造了独特的音乐教育理念和风格,其中"元素性音乐教育"是最具代表性的特色之一。元素性音乐指的是属于基本元素的、原始素材的、原始起点的、适合开端的音乐。元素性音乐是一种接近自然的、土壤的、肌体的,可以被每个人学会和体验非常适合儿童的一种音乐。"元素性音乐永远不单是音乐本身,它是同动作、舞蹈和语言联系在一起的,它是一种必须由人们自己创造的音乐,人们不是作为听众,而是作为表演者参与音乐中去。"[①] 由此可见该体系具备综合性、元素性、创造(即兴)性的特点,是开放的、没有固定的程式。

---

① 谢嘉幸,郁文武.音乐教育与教学法(修订版)[M].北京:高等教育出版社,2006.

对于奥尔夫的教育理念，可以借助其自身的言语来阐明。他认为"音乐应该同其他学科一样成为学校教育的重要组成部分，因为音乐能够培养学生的情感、想象力和个性。"①他多次强调："这个体系绝不是单纯音乐的形式，它是动作、语言与音乐的一体化。儿童在其中不是被动的听众，而是音乐创造的积极参与者。它简单易行，没有人为的附加物，没有繁复的结构，近于生活、自然及儿童的天性，它是儿童的良师益友。"②在音乐教育中，我们应该认识到音乐只是一种教育手段，培养人才才是最终目标。其借助民歌、童谣、游戏、奏乐、律动、舞蹈、寓言、神话、民间传说等内容完成教学活动，积极调动学生的积极性和学习兴趣，并且通过低技术、高艺术的方式，引导学生积极参与活动实践中去，在音乐实践中感知音乐，获得良好的音乐体验。

在奥尔夫音乐教学法中，教学过程是至关重要的，非常强调让儿童通过自己的实践去学习，对于学习结果并不注重。他鼓励学生根据自己的想法和条件去实施，以此促进学生的主动学习，同时充分发掘学生的想象力和个性。如果在教学中学生不去参与，那么就是教学的失败。师生之间是"合作者、伙伴"的关系，在教学中，教师主要起引导作用，指引学生一步步向前迈进。奥尔夫的教育体系还具备开放性的特点，因此这是一个充满魅力与活力的教学体系。对于这个教育体系，我们应该去深入理解和认识，进一步去发展这一体系。

在音乐教育领域，奥尔夫音乐教育体系及其教学法在全球都处于领先地位。奥尔夫为了将奥尔夫教学法推广到世界各地，于1961年在奥地利萨尔茨堡创立了奥尔夫学院，由奥尔夫亲自领导培训工作。奥尔夫学院是莫扎特音乐学院的重要组成部分，该院规模宏大，设备一流，拥有出色的奥尔夫教学师资，致力于培养和训练来自世界各地的大学生、职业音乐教师。1980年，廖乃雄副教授（上海音乐学院音乐研究所前所长）曾与奥尔夫本人交流，并多次前往奥尔夫学院进行实地考察。他还策划邀请有关奥尔夫教学法方面的外国专家和国外教师来到中国的多个城市（如上海、北京、南京、广州、西安等地）进行授课。随后，在中国音乐家协会音乐教育委员会李妲娜主任的带领和推动下，中国音乐家协会奥尔夫

---

① 谢嘉幸，郁文武. 音乐教育与教学法（修订版）[M]. 北京：高等教育出版社，2006.
② 同①.

专业委员会成立，该委员会长期开办奥尔夫师资培训班，致力于培养越来越多的中国奥尔夫教学专家和教师。

（二）特点

1. 将语言、动作、舞蹈结合

奥尔夫相信音乐活动是最符合天性、最基本的人类行为之一，音乐本能地存在于每个人的生命中，是人类表达内心感情和情感的一种自然的、直接的方式。发出各种声调和肢体动作是原始人类对感情进行表达的最为简单、原始的方式，这也是音乐、动作、语言、舞蹈统一的起始形式。据奥尔夫所述，"原始的音乐绝不是单独的音乐，它是和动作、舞蹈、语言紧密结合在一起的""以身体奏乐，并把音乐移置于躯体之中"[①]。他认为音乐和动作之间存在着密切的联系，音乐来自于动作，动作来源于音乐。他从孩子们自发的音乐活动中意识到，这些领域之间密不可分。因此，奥尔夫致力于恢复它们之间自然的、天然的联系。奥尔夫所著的《学校音乐教材》主要选用了民间歌曲、谚语故事、舞蹈游戏等素材，引导学生与他们的生活经验联系起来。教材采用多种形式来呈现内容，如配以音乐进行朗诵、音乐故事、歌曲、器乐演奏、舞蹈等方式。他的教材和教学方式与儿童的心理特点相吻合，立足于儿童自身，积极引导他们参与音乐活动，这有助于激发和展现他们的积极性和主动性。

2. 注重培养节奏感

奥尔夫认为，要通过从节奏入手的方式进行音乐教学，因此，他在每个进程的教材中，都加入了大量的节奏练习和旋律练习。在提高学生的音乐素养中，将培养学生的节奏感作为中心环节和核心。在奥尔夫的观点中，与旋律相比，节奏在音乐中是更加基础性的元素。节奏可以独立于旋律存在，但旋律不能没有节奏。旋律若不跟随节奏，就会被完全改变，甚至不能被称为旋律。由此可见，作为音乐的生命——节奏，是音乐的源泉与动力。因此，在教学中，节奏有着非常突出的地位。

语言和动作的节奏训练是节奏训练的开端。最初，我们可以借助有规律的语

---

① 谢嘉幸，郁文武. 音乐教育与教学法（修订版）[M]. 北京：高等教育出版社，2006.

言朗诵练习来引导儿童掌握节奏。它以儿童日常生活中的口头顺口溜和名字简称为基础,派生最短小的2/4拍的节奏单元,这就是节奏基石。还可以通过拍手、跺脚、拍腿、捻指等活动,让儿童培养节奏感。在奥尔夫音乐教学法中,拍手、跺脚、拍腿、捻指等被叫作"声势",这些动作一方面非常讲究节奏感,另一方面表现了对不同音色的感受。通过拍手或加入其他声音,可以练习改变节奏和音量的技巧。在练习的过程中,可以单独进行速度变化或力度变化,也可以通过同时调整力度和速度来实现变化,还可以进行突然变换力度的练习。以上这些通常是即兴进行的,主要目的是锻炼学生的反应能力。

3. 注重培养创造力

奥尔夫音乐教学法的重要特征是创造性,其与元素性、综合性特征齐名。通常,奥尔夫音乐教学法的起点是让学生模仿,如模仿回声和基本身体动作。模仿是创新的准备,更是创新的先决条件。在节奏回声演奏的前提下,采用创新性的方法,如"回声变体、节奏问答、节奏变奏"等,来培养学生的创造力和激发学生的想象力。学习基本形体动作的目的是更好地发挥学生的创造力。一旦学生掌握了走、跑等基础动作,就可以让他们在听音乐的同时自由地发挥自己的个性,通过自由地走、跑促进学生的发展。学习音乐乐器时也是如此。一旦学生学会了反复使用同一音型时,就可以让他们参与歌唱伴奏或合奏。

学生在奥尔夫音乐教学中,通常是边唱歌、边敲打乐器、边跳舞和做一些其他动作。这些都是基于学生自身充分发挥特点的前提下进行的,并非教师强制学生完成的。在这个过程中,学生的创造力和聪明才智得到了发展。奥尔夫音乐教学法特别注重培养学生的即兴能力。在奥尔夫的观点中,即兴是最古老的形式,也是最自然的过程,因为它能够对情感进行自由和自然的表露。对此,他强调其教材是实例而并非样本,会给学生留下很大的空间和余地,让学生尽情即兴创造,这也是奥尔夫音乐教育思想的本质。不管是节奏声势,还是形体动作,或者打击乐器的奏乐,一般都是即兴活动。奥尔夫教学法鼓励学生进行即兴创造活动,这种活动包括蕴含着音乐、动作、舞蹈和语言等多种元素。即兴创造活动是综合性教学活动中学生创造性思维活动的具体表现。

二、达尔克罗兹音乐教学法

(一)达尔克罗兹音乐教学法概述

埃米尔·雅克·达尔克罗兹(Emile Jaques Dalcroze,1865—1950)是瑞士音乐家兼教育家。达尔克罗兹认为,音乐来源于人类丰富的情感,而情感通常是通过人的动作表现出来的。因而音乐是与人的自身相联系的,在人的身体中蕴含着发展、接受和分析音乐与情感的各种能力。节奏是人类生而就有的本能,但这种自然本能并不是音乐,需要加以诱发、培育,才能为音乐所用,形成具有音乐性的节奏感。达尔克罗兹进行了一系列听觉活动与身体反应相结合的训练实验,通过实践和研究,他发现了"动觉"这一人体感情表现机制,也就是说,人体本身正是音乐表演媒体的有机组成部分,人体的运动与音乐的表现形式之间存在内在的联系,音乐的节奏和力度是通过人的身体做各种动作得以表现的。在这一发现的基础上,达尔克罗兹创建了用于音乐教育的体态律动学。体态律动,也被称为和乐动作,它指的是让学生用自己的身体来感受节奏感,以此来激发他们的想象力与创造力,让他们在课堂上始终能够保持一种高度专注的状态,同时还能培养他们的反应敏捷能力。

达尔克罗兹的音乐教学法主要有三个方面:一是体态律动学,二是节奏性视唱,三是即兴。体态律动学把音乐、身体的感应和运动紧密结合起来。通过节奏的因素,引导学生体验音乐、语言、舞蹈和表演,使他们能够掌握音乐和表演,并且带有自己的独特性。节奏性视唱主要指的是在视唱中加入体态律动学的原则和技巧,以此来深入学习与音阶、音程、调式、和声、旋律、转调、对位等有关的理论与实践。他将培养绝对音感、准确听觉、音准感的练习与心理上、音乐上的敏感记忆练习结合起来。所谓的即兴指的是将动作、故事、语言、歌曲、弦乐、打击乐、钢琴等作为工具,在对节奏、音阶、音高、和声等材料进行运用的基础上,产生具有非常丰富的想象力和个性的组合,即兴进行音乐创作。

达尔克罗兹音乐课程中的节奏律动,由于具有独特的教育价值,赢得世界上众多学者和教师的青睐,也因此迅速发展为一门新型的音乐教育学科——体态律动学。许多国家和地区都建立了体态律动学院,专门培训体态律动老师。如今,体态律动不仅被广泛应用于普通学校音乐教育和专业音乐教育领域，还被一些艺术学院（系）作为培养舞蹈演员、喜剧演员的基础课程，甚至在某些体育学院也设有体态律动课。此外，体态律动还被应用于特殊教育（残疾人教育）和音乐治疗领域。

（二）主要内容

达尔克罗兹的学生埃塞尔·德赖维尔曾著《达尔克罗兹体态律动学》一书。德赖维尔把体态律动学的内容归纳为："首先研究六个要点：人体的基本节奏、身体各部分的配合、身体协调与动作的控制反应、动作的控制和反应、时间和空间、紧张和放松。"[①]

1. 人体的基本节奏

人体的基本节奏指的是利用身体运动的自然动作，来练习音乐的基本节奏和速度。练习动作并非教师强加给学生的，而是基于学生已有的经验基础。这些动作可分为十个方面：拍手、列队行进、走、跳、跑、跃、单脚跳、摇摆、奔腾、唱。举例来说，表达节奏最为简单和容易的方式就是拍手，通过拍手来培养学生对节奏的把握，进而实现对速度的把握。列队行进与走是完全不同的，在行进的时候，学生需要抬高膝盖，步伐要坚定有力；相对来说，走的动作更加平稳。列队行进需要使用双拍子的音乐，走并非需要双拍子的音乐。奔腾与单脚跳也是不同的，单脚跳是将一只脚放到地面上，然后用这只放在地面上的脚单脚跳，两只脚轮流着做；奔腾指的是一只脚在接触到地面之前，一跃而起。可见，奔腾的动作需要一个准备，这在音乐中被称为弱起节奏。因此，在音乐中，可以使人想到有关奔腾的马的音乐一般为弱起。

2. 身体各部分的配合

我们可以把人类比作一支由很多不同乐器组成的管弦乐队，包含手指、手臂、手掌、脚趾、脚掌、脚跟、眼睛、头、臀部和整个身体。以上这些部分可以单独完成动作也可以一起完成动作。通过练习，可以让学生认识到各种乐器的功用，从中挑选出最合适的一件或多件乐器，来表达所想要的韵律。

[①] 谢嘉幸，郁文武. 音乐教育与教学法（修订版）[M]. 北京：高等教育出版社，2006.

3. 身体协调与动作的控制反应

在同一时间内，进行多个身体部位的运动是困难的，所以培养并训练大脑与身体之间的反应能力是很有意义的。在此基础上，借助训练可以进一步提高学生对身体各个部位的控制力，提高他们的反应速度、提升反应能力。如，让学生用4/4拍走，当他们听到旋律中第四拍上出现三连音时，必须停一小节。这一动作需在他们听觉敏锐、记忆力增强后进行，才能变得更准确，才能得到控制，不然会出错。

4. 时间和空间

体态律动学对于活动场地非常重视。在活动的时候，学生之间不能发生冲突，让每一个学生做自己喜欢的动作，同时还不能与其他人发生冲突，在其他学生中间曲折穿行。在最开始的时候，可以通过减慢速度进行练习，之后慢慢加快，直到出现跳或跑的动作，让学生真正感觉到在进行自由的活动。可以让学生闭上双眼向教室里的某一处跑去，并发出指令后返回。在进行时，要有音乐伴奏，以此来加深学生对音乐分句的理解与感悟。

5. 紧张和放松

每一项活动都不应持续太久，应在其中加入一些轻松的练习，或者是一些能立即引起学生兴趣、使他们处于一种平静状态中的练习。首先，要求学生闭上双眼，弹奏《摇篮曲》等轻柔、优美的音乐，并查看他们的身体是否处于放松状态。在放松运动中，最简单的放松方式是用自然的姿势平躺在地板上。

体态律动学除了非常重视节奏、速度的训练外，还对节拍、读谱、重音、乐句的构成及构思、唱歌、听辨大/小调及三和弦等都有一套行之有效的教学方法。如，颤音是一个急转，波音是双脚轻快地一跳，回音是腕和手向外一个轻快旋转。这些动作由学生们提出建议，教师与他们一起讨论，从而确定怎样来表达各种声音。在训练辨认音乐中的大调与小调的不同时，可以是向前走代表大调，倒着走代表小调。他们歌唱时是无伴奏的，学生更多地需要依靠自己。所有的训练都是与练耳结合起来的，因此对声音的敏感度和所做动作的正确性是一起发展的。可见，达尔克罗兹的体态律动学是建立在音乐—听觉—身体—感情—头脑之间的一种相互协作与相互反应的音乐教育体系。

三、柯达伊音乐教学法

（一）内容

柯达伊·佐尔坦（Kodály Zoltán，1882—1967）是 20 世纪匈牙利著名的作曲家、民族音乐理论家和音乐教育家。他在理论上积极探讨音乐教育的现状和出路，将自己的音乐教育理论贯彻在创作和实践中。

1. 音乐属于每一个人

柯达伊作为一个作曲家，他的整个生活都与音乐有着密不可分的关系。他敏锐地发现音乐对于个体生命和社会都有着非常重要的意义，是不可取代的。他提出"音乐应该属于每一个人"这一教育思想的基础和目的，都是要通过音乐发挥其特殊的社会功用，提高个体生命的素养和社会文化的素质水平。

这样用音乐观照整个社会和个体生命发展的观点，在此之前已经得到了其他教育家的肯定和重视，如海因里希·裴斯泰洛齐（Heinrich Pestalozzi，1746—1827）提出过同样的指导原则。由于柯达伊的思想受到卢梭的影响，而且其儿童教育经验及思想也奠定了他的教育思想，因此，柯达伊在音乐教育史上第一次表示，必须引导整个社会走上歌唱和音乐之路。他认为，教育必须关注个人智力与气质的发展，必须以对儿童实际发展情况的了解为基础。

首先，柯达伊从大多数人的发展来关注音乐教育，他认为"音乐不能成为少数人独有的财产，而是应该属于每个人，这是最高的理想"[1]。但对于他的理念，有赞成就有反对。对于持反对意见的音乐家，柯达伊曾告诫他们音乐的受众不应该只是那些贵族，平民一样有享受音乐的权利。音乐对于人类精神的培育起到重要的作用，接受过教育的人更应该能意识到音乐的力量，也应该有对造福大众的更高心理追求，让音乐成为大众的财富。音乐不是上层社会的专属品，扩大音乐的受众，从宏观上来看，对人类发展起到了推动作用。其次，柯达伊还在音乐教育上体现了他想要普及音乐教育的观点，即音乐教育全民性的观念。柯达伊关于学校音乐教育目的的论述，主要涉及以下三个方面：

第一，音乐教育是在以人的全面发展为前提下开展的。

---

[1] 杨立梅. 柯达伊音乐教育思想与匈牙利音乐教育 [M]. 上海：上海教育出版社，2000.

第二，音乐教育宜早不宜迟。

第三，音乐教育要注重培育民族精神。

通过柯达伊对学校音乐教育的论述，我们可以看出，其对学校音乐教育的根本目标是更在意使人全面发展的教育，而不是只是培养音乐家。普通音乐教育也适用此原则，音乐教育者不应该只将音乐教育局限在培养专业人才上，应该服务于大众，作为全民化的通识教育。立足高远来看，音乐应该作为一种公共财产，它从不独属于一类群体或是个人，而是属于每一个人。

在普及音乐教育观念的影响下，柯达伊音乐教育体系，从音乐专业人才的培养和普通国民的音乐素质教育上两手抓，他希望能在普及音乐教育的影响下，让更多人能将音乐视为生活中趣味性的调剂，是生活的一个章节而不是一个符号。通过音乐教育提升民众的音乐素养，提高民众对美、对文化的追求，提高民众的文化素养。

柯达伊音乐教育体系在匈牙利的普及，从现实层面看，这使全体国民从小就受到了良好的音乐教育。无论他们未来是在音乐方面深造的音乐家或是一名普通的听众，在该教育体系下的熏陶，他们都能具备一定的音乐基础和文化基础，具有一定的音乐素质和鉴赏能力。从宏观层面看，也促进了匈牙利国民音乐素养的提高，为匈牙利音乐文化的振兴创造了必要的条件。

2. 学校音乐教育的重要地位

柯达伊认识到了学校音乐教育的重要地位，他在写作中表达了这样的观点："他们无法依靠外部的象征物（如国旗）来证明自己是匈牙利人，这种认同应该深深地植根于内心。

柯达伊通过自己对音乐的认识和感知，明确了音乐的社会功用和教育意义，提出了音乐教育理念。但如何使这些思想和主张实现，并发挥出它们的作用，真正得以实现音乐的全民化呢？学校的音乐教育在这方面显示出了它的优越性和可行性。学校音乐教育可以使音乐教育在人的幼年时期就开始进行，避免了滞后性，也可以实现音乐教育的系统化。

因而，柯达伊针对当时音乐教育的现状，又提出了在学校有效地完成音乐教育的理论和指导思想。这种音乐政策使人回想起赫尔曼·克雷奇马（Hermann

Kretzschmar, 1848—1924）认为德国音乐的未来是由普通学校的音乐教育来决定的。对于学校教育在音乐教育中所占据的重要位置，两个人达成了共识。柯达伊以一个音乐教育家所具有的敏锐感知和细致关注，发现了在现代普通学校音乐教育中出现的问题，即音乐教育质量的不断下滑，致使真正的音乐离孩子越来越远。这对于一个孩子的成长和成才而言是很大的缺憾和不足，也是学校音乐教育所面临的困境和挑战。

从20世纪20年代起，柯达伊就开始关注普通学校音乐教育。当时的教育现状使他产生了新的思考。他在《匈牙利音乐教育》中指出，古希腊教育给予音乐教育中心的地位，而匈牙利教育在多数情况下连最低限度的计划都没有付诸实际。这种成长方式很有可能导致孩子们无法真正接触到高质量、艺术化的音乐，其影响可能会贯穿一生。他们只适合参加学校宗教歌唱活动，对于更高水平的音乐会则不感兴趣，他们抱怨自己缺乏欣赏音乐的能力，因此疏远了音乐。这就是为什么在教育水平较高的人群中有很多人不懂音乐。教育的困境直接影响了音乐作用的发挥。学校对音乐教育的忽视和懈怠是引起教育尴尬的原因。所以柯达伊提倡，匈牙利的音乐在教育中的角色应该具有在古希腊曾经拥有的那种地位，这是现实音乐教育走出困境的一条有效出路。

柯达伊将自己一生的精力都集中在音乐上，他对民族音乐的关注使他更清醒地认识到匈牙利的民族音乐对于这个国家和人民的意义，也认识到了音乐的民族性问题。柯达伊坚定地主张基于匈牙利文化背景的音乐教育发展方向，以促进本土音乐教育的进步。在匈牙利，德国音乐在他们的平日生活中尤其具有绝对的主导地位。在文化方面，匈牙利应当通过学校教育来展示自己的独有特色，探索使音乐得到最大程度自由发展的途径。

柯达伊曾明确表示，音盲是导致严肃音乐会和歌剧缺乏听众和观众的主要原因之一，这对音乐文化的发展产生了不利影响。由于社会缺乏对音乐教育的共同理解，导致这个民族的音乐修养水平不断降低，而原本应该最能使音乐接近生活的场馆——音乐厅和歌剧院却遭受冷遇。这就形成了音乐教育现状的恶性循环，音乐教育质量的下降导致人们的音乐素养水平不断降低，降低的音乐素养又削弱了音乐教育的水平。

在面对这种情况时，柯达伊强烈主张提高学校音乐教育的整体素质，这也是他所有音乐教育著作中的一贯观点。他认为，这比决定使用哪种教学方法以及其他实际事务更为重要。音乐教育的水平在一定程度上取决于教育者的教育教学能力。教育者在音乐教育中是动作的发出者，教育者音乐素养的高低直接决定了教育过程的时间长短和教育效果的好坏。音乐教育同我们其他的文化教育一样，只有培养好的教育者，才能实现好的教育。

柯达伊认为，在培训初级学校教师的大学里，音乐教学课必须加强。现阶段虽然也有大量国家花费巨资维持的音乐院校，但那些只针对少数人，其他人听到的是最糟糕的音乐。他认为音乐教育应该只教授孩子最有音乐价值的材料。对年轻人来说，只有最好的东西才配得上他们。应该用杰作引导孩子深入思考，还要防止孩子接触劣质音乐，越早开始越好，因为等孩子长大以后就太迟了。

柯达伊从未停止过关心儿童的音乐教育，总是创作适当的音乐来满足儿童音乐教育的需求，或者在必要的时候发表启迪性的话来满足儿童对音乐教育的需求。他认为音乐教育有助于孩子多方面能力的发展，它不仅有助于孩子音乐能力的发展，而且有助于孩子的听力、注意力、条件反射、感情以及身体的发展。孩子除了学习匈牙利语言外，应该让他们置身于匈牙利音乐中。他们不应该即兴创作歌曲和幼儿园歌曲，应该教孩子唱现存的民歌。民歌音阶要适当，歌词要符合他们这个年龄的思考能力。在练习流行的民间游戏时，应该把歌曲和动作结合进来。

3. 以歌唱为主要形式发展民族音乐教育

柯达伊认为，器乐文化在生活中永远不可能像歌唱那样广泛普及，因为唱歌是一项容易上手可以在集体中完成的活动。歌唱能够深入人心，为人们带来音乐知识与情感体验，因此，集体歌唱显得尤为重要和实用，合唱是最能展现社会团结的方式之一。合作可以让人们完成个人无法完成的事情，每个人都扮演着同等重要的角色。一个人的错误可能会破坏整个团队的努力。他主张，在演唱单声部音乐时很难唱准音高，而采用两声部唱法可以相互制衡。所以，柯达伊采用了大量的匈牙利传统民谣和流派音乐风格的各声部和声合唱作品，并选择了全球优秀的艺术音乐作品来作为唱歌教学的教材。柯达伊在合唱训练上注重无伴奏表演技能，重视培养学生对于和声旋律的准确听辨能力。他认为，通过使用优秀的声乐范例，进行训练可以帮助稳定音准和音程，因此在合唱团达到稳定状态前，他们不会使用钢琴伴奏。当然，教师需要掌握柯达伊教学法，对音高有深入的理解，成为学生们的榜样和典范。

柯达伊对音乐民族性的观点是开放性的。他认为学习匈牙利民间音乐具有重要意义，应该把匈牙利民间音乐作为孩子的音乐母语，只有掌握它，才能学习外国音乐。他多次在文章中介绍德国的音乐教育和英国的合唱运动。他热切地欢迎其他民族音乐加入匈牙利音乐中，认为外国的杰作应该用来合唱，但是匈牙利语的合唱曲一定要由熟悉民族音乐的匈牙利作曲家谱写。

在学校音乐教育的发展基础和方向问题上，柯达伊的观点明确而坚定，就是发展匈牙利国家自己的音乐教育。对于德国音乐在匈牙利社会生活中占有绝对优势这一情况，柯达伊提出："我们需要一个匈牙利的音乐教育。这既从匈牙利的观点出发，也从世界的观点出发。我们越是匈牙利的，我们越可以得到世界的兴趣。这也是造就匈牙利音乐文化的唯一道路。没有匈牙利音乐文化，所有的音乐教育就毫无意义，它只能是为外国提供一个'容器'而已。"[1]

据柯达伊所述，教育体系是反映每个民族文化传统和民族意识至关重要的核心。在借鉴外国经验的同时，教育发展也要注重融合本国文化特色，确保其具有整体性、独特性。才能在世界各文化间实现平等互通。这也是多元文化的根基。

柯达伊认为，传统音乐的独特价值无法被最杰出的个人创作代替。在传统民族音乐中，几百年来的情感一直以完美形式传承下来，没有一件作品可以在传统地位上取代它。因此，在学校音乐课上，重视演唱民间歌曲是必不可少的，旨在保持传统的延续，为提供歌唱练习服务。

基于对民族音乐的深刻认识，才促使柯达伊在民族音乐理论的道路上不断前行，并认真探讨民族音乐教育发展的必要性。

（二）基本手段

柯达伊音乐教育理念的实践离不开科学且富有弹性的教学方法。这些教学方法不是柯达伊独创的，是在其和同事经过长期、艰辛的教学探索后逐步建立起来

---

[1] 杨立梅，李妲娜. 走向未来的音乐教育［M］. 海口：海南出版社，2000.

的。他们根据教学内容和对象的特点，融合了世界其他各国的教学方法和手段，形成了自己的教学体系，这些教学方法是指导音乐教学的最重要部分。他们将音乐教学的科学原则和指导依据建立在音乐教育心理学基础上，吸取了匈牙利的实践经验，形成了独特的音乐教学理论。

柯达伊合理借鉴并适当改造了世界各国在音乐教学方法方面的优秀成果，根据匈牙利当时的实际情况——包括社会环境、经济能力、音乐教育现实和自己的教学实践等方面的形势，在进行综合后加以改造、组合，使其成为具有匈牙利特色的教学框架。集中体现其思想和理论的是四种教学工具——首调唱名法、手势唱名法、节奏时值音节读法和节奏字母简谱法。它体现了柯达伊注重儿童的音乐感受和实践特点，把教学重点放在学生的共同参与上，在训练中采取难点分散的教学思想，使孩子们在音乐学习中感受到了乐趣、收获了知识、提高了素养，奠定了他们以后学习和欣赏音乐的基础。柯达伊的教学方法具有科学性、实践性，在匈牙利音乐教育领域有卓越的成就，是音乐教育改革的有力保障。

1. 首调唱名法

首调唱名法源于英国。按《辞海》的解释，do、re、mi、fa、sol、la、si（或ti）七个唱名代表任何大调和小调的七个音级，一切大调的主音均唱作do，一切小调的主音均唱作la。

在柯达伊教学法中，首调唱名法是用来进行视唱教学的基本手段和工具。由于首调唱名法调性表现力极强，许多针对幼儿、游戏歌曲、传统民间乐曲和大量西方艺术音乐的创作均以调性为基石，因此它们都十分适合使用首调唱名法。比如说，sol-mi这个小三度在各种调性中所对应的唱名都是相同的。柯达伊教学法不局限于使用首调唱名法，一旦学生掌握了首调唱名法的技巧，就可以学习使用音名唱曲调，并进行轮替运用。学生逐渐能够掌握固定唱名法，有效地解决了无调性音乐的唱法难题。

由于用于幼儿音乐教育的主流音乐都是有调性的，运用首调唱名法可以有效地普及音乐教育。所以，在柯达伊教学体系中，首调唱名法作为一条主线，贯穿于各项教学内容和活动中，这是柯达伊体系的重要特征之一。

匈牙利采用首调唱名法教授初学者学习音乐基础知识。开始的时候总是从采用首调唱名的方法入手，直到最终熟悉固定音高记谱法（传统谱号和音名）。不管是写在五线谱上面，还是写在五线谱中间，音程总是相同的，这样孩子们可以熟悉很多音符模式。

　　1937年，柯达伊在他的多声部歌曲、视唱作品《匈牙利比其尼亚》的第一版序言中，特别介绍了由约翰·柯尔文（John Curwen）引入英国音乐教育中的首调唱名法，引导人们注意首调唱名法在教学运用中的优点。柯达伊的这部教材推动了这种唱名体系的实际应用。

　　一个人要对实际的声音形成音乐感知，必须具备两个要素：一是音高，即从声学的角度倾听这个声音时，能够明确地感知到声音的音高，并将其从连续变化的频率中区分开来；二是情感，就是要从受众的角度来分析所听到的声音，通过声音的特征和声音之间的相互作用，理解声音所传递的情感信息。音乐只有在与倾听者的情感需求相契合的音调和节奏下，才能让他们产生共鸣，并且感受到音乐的真正含义。

　　首调唱名法可以促进这两个感知要素的发展，它是提高音乐感受能力的最佳途径。从音高的辨识能力来说，在首调唱名体系中，唱名是核心，可以表明每个音级在调式中的不同功能、作用和表现力，这是培养儿童对调式敏锐感知能力的有效手段。在首调唱名法中，do的位置和高度是可以发生变化的，但是各音级在调式中的位置却相对"固定"，有着固定不变的唱名，简单地说就是移动的do。

　　这种方法降低了调号学习的难度，学生不再被调号所困扰。对于教师来说，便于其对音乐知识进行讲解，扩大了教学素材的范围，在教学中不需要以调号的多少作为衡量曲谱难易程度的标准，这可以突破调号对大量歌曲的限制，也有助于尽早地开展对多声部视唱、听觉、创作能力等多方面的训练，提高学生的综合音乐能力和素养。

　　柯达伊在教育生涯中期，即在1937年正式推荐了首调唱名法，在这个时候他的教育思想已经基本形成，首调唱名法成为他在教育思想和实践中的重要工具。柯达伊表示，该体系广泛影响着音乐文化的推广，并且是多方面的基础，比起其他专门的音乐学校更具有影响力。相较于其他地方，采用这种视唱体系的国家或学校的歌唱活动发展程度更为繁荣。除了实用性的优势外，首调唱名体系还有更深入的心理学研究意义。在音乐思维和记忆的培养过程中，它起到关键作用。

首调唱名法注重音级之间的相对关系，方便教师的讲解和学生的学习，将唱名与调式音级相统一，与调式运动相协调。它具有明确的调式音级倾向，强化了调式，有利于调式感的确立，对学习五声音阶调式和欧洲自然调式、教会调式有促进作用，这对儿童音乐感知的启蒙和音乐教育的普及有着非常重要的实际意义。

这种相对稳定的心理感觉便构成了对音乐的感知，促进了音乐思维的形成，这是通过其他方法难以实现的。在这种教学方法中，学生自然地建立了音乐思维的基础。

根据实践证明，引入首调唱名体系不仅让匈牙利儿童在感性和理性上更深刻地理解了民族音乐的旋律和风格，还有助于他们提升音乐创造和即兴表演的能力。首调唱名体系除了教授唱名技巧外，还能够满足学习器乐作品和无调性作品的需求，因为其包含了固定音名的教学。在实际操作中，采用两种不同的命名方法互相补充，没有任何混淆或干扰。但是，柯达伊教育体系并不止步于此，它同样承认固定唱名法的长处，强调掌握了首调唱名法后，还应掌握固定唱名法，作为视唱听觉训练的补充，与首调唱名法交替使用，直至掌握固定唱名法。固定唱名法是学习器乐和无调性作品的最合适方法和途径。在匈牙利，普通歌唱学校从二年级起每天都有音乐课，普通学校从五年级起每周设两节音乐课，均要求学生学习固定唱名法。

2. 手势唱名法

谈到音乐教育中对手的运用，就必须提到圭多·达雷佐这个名字。他的"圭多手"是现代手势的开山鼻祖。在这种手势中，手指尖和指关节都被分配上音符，这大大方便了转调。

在今天的匈牙利，转调可以用手势来表示，方法就是把一个音符从一只手转到另一只手。例如，如果一个旋律以 sol 结尾，转到另一只手以后，这个音阶第五音就变成新的主音或者 do。由于两只手放在同一高度，因此，孩子们明白这个结尾的 sol 和新的 do 是一样的音高。

在练习音名时也可以使用手势。由于这些手势会让学生回想起在唱名课上学到的知识，因此，他们就能认识调性，并且在唱名音节和"固定"音名之间随意转换，这样：手势"d—r—m—d—r—d—l"就变成"G—A—B—G—A—G—E"

这自然是在较高层次使用 r 手势。在音乐教育中可以使用手势的范围几乎是无限的，几乎所有年龄段都能使用。要在这里详细列出其他所有手势是不现实的，现以幼儿园的例子介绍一下。首先要求孩子们唱一首熟悉的而且练得非常好的曲子，同时用手势演示出唱名音节；然后要求孩子们再唱一遍，不过只是在脑子里默默地唱，同时仍然使用同样的手势。

在教授柯达伊教学法的过程中，手有各种各样重要的功能。老师和学生可以拍手、拍打、使用手势拍打，甚至在较高级的水平上使用旋律组合（升降短句，以弱音和强音为模式）。老师的手也可以用来让学生熟悉五线谱，用左手的五根手指（拇指向上指）表示五线谱，用右手的食指任意指点"五线谱"上的任何音符。这样，如果要表示 s—m，老师就（用他的右手食指）点左手手指（s），然后点下一个手指（m）；如果要表示 s—l—s—m，就用右手食指依次点左手手指、手指上的空间、手指、手指下面的手指，如图 1-5-1 所示。

图 1-5-1　手指"五线谱"

这种方法对于幼儿和小学低年级学生尤其有效。利用视觉手段，用手势在空中表示位置和运动方向，可帮助学生感觉和辨别音的高低，使抽象的音高概念具有一定的形象特征。儿童在学习记谱的时候，可以把抽象的音乐符号和具体的手势联系起来认读音符。通过手势这个媒介，儿童在学习中把节奏和旋律联系在一起，能提高其视唱能力。

在音乐教学中，教师也常常用手势细微升高或降低的调整来帮助儿童唱准音高。在进行二声部训练的时候，教师通过用两只手的手势表示出不同声部的音高来调整音准的效果很好。教师不出声歌唱，让学生看手势唱出标准音 la，然后用手表示出一首歌曲，学生们随着手势就可以很快地唱下来。当孩子们日后学习"固定"音名时，可以再度使用手势练习，不过并不是指唱名音节，而是指实际的音高水平。从高音谱号再到低音谱号，如图 1-5-2 所示。

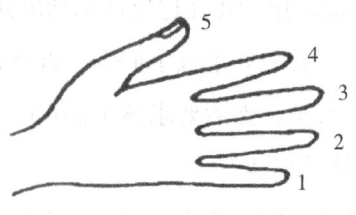

图 1-5-2　手势练习"固定"音名

这几个数字表示五线谱的线（图 1-5-3）：

图 1-5-3　手指的音名在五线谱上的线

柯达伊借鉴柯尔文手势法并加以改造，用以帮助儿童理解首调唱名体系中音级之间的高低关系、音准训练、调式音级倾向等（图 1-5-4）。

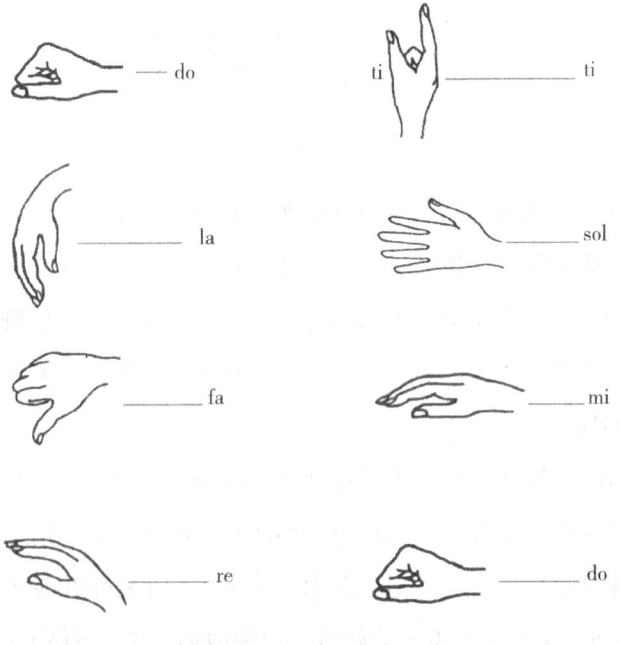

图 1-5-4　柯尔文手势法

3.节奏时值音节读法

在音乐作品中，单位拍并不是固定在一种音符上，它可以使用各种音符作为单位拍。常被用作单位拍的有四分音符（以四分音符为一拍）、八分音符（以八分音符为一拍）、二分音符（以二分音符为一拍）。长短音符按一定的规律结合在一起交替进行，就构成了音乐的节奏。

节奏在音乐中起着重要的作用，它支撑着整个旋律的行进，是旋律的骨架，其本身甚至就可以单独形成句式和结构。通过节奏训练可以发展儿童的听觉和音乐感受能力。节奏的掌握，对于旋律等其他基础知识的学习大有益处。

据柯达伊所述，四分音符的速度与孩子步行的速度相当，而八分音符的速度与孩子奔跑的速度相当。因此，在教学中以四分音符和八分音符为基础进行节奏训练，更有助于孩子们理解和掌握。在柯达伊的教学中，通常会将节奏训练与旋律相融合，比如通过固定的节拍来唱歌，或者唱卡农时按照拍手的节奏进行。

在识谱教学中，强调了培养内在听觉和音乐记忆能力的重要性。在教学中，老师通常会建议学生使用内心听觉，默唱歌曲的第一乐句和其中所有的八分音符。例如，在一个黑板上写有一首乐曲的乐谱，教师要求学生反复练唱，每唱一遍，就会擦掉一小段乐谱。学生需要一直保持演唱全曲的完整性，直到所有的乐谱都被擦掉，才算真正掌握了这首歌曲。

4.节奏字母谱

节奏字母谱来源于意大利人创造的字节音名，后被改造为用于在儿童识谱入门教学中结合节奏和唱名的过渡性教学工具。

柯达伊所采用的字母谱，是由 H.C. 格洛弗首创、J. 柯尔文完成的可动唱名法。它以 d、r、m、f、s、l、t 七个字母作为基本音符，其中除第 7 音读作 ti 外，其余各音与数字简谱的读音一样。有关半音的记法：升高时一律加 e，降低时一律加 a；高八度在右上角标 1，低八度在右下角标 1。其时值及节拍以纵线表示强拍，双点表示弱拍；横线表示延长，单点表示数音连成一拍。

四、核心素养背景下的大单元教学

（一）大单元教学概述

大单元教学是一种以整合教学资源和内容为主要特点的教学方法，通过深入研究教学实践和全面掌握教材内容，以单元为主线，帮助学生提升音乐核心素养。教学任务以教材为核心，每2~3个课时为一个完整的教学单元，使教学更易于实施。苏少版教材注重单元教学，这样可以更加高效、便捷地开展大单元教学。通过引入大单元教学方式，音乐课堂不再依赖传统的"一课一曲"教学模式，而是采用贯穿整个教学过程的模式。在音乐教学中，教师可能会通过引入多首歌曲或让学生欣赏同一类型多首音乐作品的方式来丰富课堂的形式和内容。这种教学方式更加丰富和多样化，使音乐教学更具活力。

（二）大单元教学设计的原则

1. 统筹规划

在进行音乐课大单元的教学设计时，应当始终遵循统筹规划的原则。在设计中，需要以整体为出发点，考虑并概述总体特征和主题，将教学内容、音乐知识和课程资源等元素整合起来。教学目标是以核心素养为中心，制订教学计划并展开具体研究，如确定教学内容、选择欣赏曲目、演唱音乐作品和展开实践活动等，以确保教学工作的有序进行。学生可以通过综合感知初步认识事物，进行深入思考和理解，以此提升自身能力，达到理解整体概念掌握特征、形成核心素养和提高实际应用能力的目的。

2. 以学生为中心

当设计中小学音乐课程的大单元教学时，需要特别关注并纳入核心素养培养目标，选择适当的教学模式。在教学过程中，教师应以激发学生自主学习为核心，引导学生进行探究式学习。为了更好地支持学生，大单元的教学设计应该增加学生自主学习和探究的机会，尊重学生的表现，积极引导学生。学生的自主学习能力和思维转化需要教师有针对性地设计问题，激发学生的积极性，引发深入思考。因此，教师要注重问题的设计，确保问题能够有效引导学生的行动和思考。在"大单元教学"中，教师应该重视学生的想法、尊重学生的意见，这能够激发学生的学习热情并提高他们的动力。当学生积极参与实践时，难免会遇到一些困难。为了让他们更好地掌握知识，在教学方面需要作出改变。应当坚持让学生进行分析和讨论，这样可以提供更多深入思考的机会，促进学生对音乐的探究。这种方法被称作"大单元教学"，它能够促进学生核心素养的形成。

（三）大单元教学设计的过程

在开始讨论设计思路前，我们要明确"大单元教学设计"的目的。在音乐课堂教学中，为了让学生理解和运用核心素养，教师应采用"大单元教学设计"作为抓手，以此帮助学生掌握能够体现出核心素养本质的"大观念"。这里所指的"大观念"是对某种类型的概念、原则的理解、应用，技能的习得、强化，以及态度、情感的塑造、加强。学生通过"大单元教学设计"所获得的学习经验和成果，应当有助于促进他们在音乐和其他方面的核心素养的发展。"大单元教学设计"的过程分为四步：第一，认真审阅教材和课程标准以全面了解教学内容。教师需认真阅读本学期教材和教学要求，并结合课程标准的学段目标以及学生的学习基础和能力，制定本学期核心素养教学计划及引导内容。第二，根据学科核心素养的要求，对教材内容进行分类归纳。为了发展每个核心素养和音乐学科核心素养，需要采用多样化的活动来支持音乐教学。听音乐有助于学生提高他们的音乐审美能力，而创作音乐则可以更好地培养他们的实际创新能力。因此，将各种教学内容以培养学科核心素养的方式进行归类整理，可以促进对教学模式中的"大单元"和"大观念"框架的建立。第三，需要规划教学顺序并设计学生的学习进程。在安排教学顺序时，可以优先考虑教学内容的难度，以及不同知识结构之间的关联和情感认知的发展规律，以确定哪些课程内容应该被归为同一个"大单元"进行教学。随后，制订教学计划并引导学生获得学习体验。第四，需要确定用于评价的标准，并规划对应的评价方式。每个大单元的课程旨在增强学生对"大观念"的熟悉程度、理解能力和应用能力，因此，教师需要定期评估以了解学生的学习和掌握程度。

以四年级上册的"人音版"音乐教材为例，首先需要对教材和课程标准进行仔细研究和阅读。这本书包含很多与京剧相关的教学内容。比如，书中收录的模仿京剧唱腔的京歌《故乡是北京》《龙里格龙》《甘洒热血写春秋》以及与乐队合作的京剧《夜深沉》等。对于学生来说，了解中国传统戏曲和曲艺音乐是必要的，尤其以京剧为代表，它独特的艺术风格更值得我们深入研究。此外，学习演唱京剧或地方戏曲的唱腔片段是必要的一步。在对教学内容进行归类时，将以上内容统一归为有助于学生提升"文化理解"这一核心学科素养的范畴。这个范畴进一步整合为一个"总体"，旨在帮助学生更深刻地了解和感受京剧中"京腔京韵"的魅力。我们主要通过以下方面进行教学评价：询问学生对上一节课相关知识的掌握情况，观察学生在演唱时对唱腔特点的把握程度，对伴奏乐器熟练程度的表现等。通过这些方式，我们可以对学生进行评估和指导。

第二章 中小学音乐教学的课程与教材

本章主要介绍中小学音乐教学的课程与教材，分别包括中小学音乐课程、中小学音乐教材的分析两个方面内容。

第一节 中小学音乐课程概述

一、音乐课程的性质与理念

（一）音乐课程性质

音乐课程在我国九年义务教育阶段都是作为面向全体学生的必修课。其性质主要有三点：人文性、审美性、实践性。

1.人文性

作为人类宝贵的文化财富和智慧结晶，音乐在文化中担当着不可或缺的角色。从文化角度来看，音乐课程中的艺术作品和音乐活动是一个多元文化交流平台。这个平台聚集了来自不同文化身份的创作者、表演者、传播者和参与者，他们共同呈现了各个国家、民族和时代的文化发展史，并将展现出他们独特的民族性格、民族情感和民族精神。这些作品和活动不仅具备深刻的人文特质，更是一种真挚的文化交流和互通的方式。

音乐课程致力于人文教育，因此，学生可以通过学习音乐，深入了解不同民族文化和生活习俗，感受人类社会的多样性，并发现不同国家和地区文化之间的相似之处，了解这些文化对人们生活的意义。它高度重视音乐教育的人文价值，促进人与人之间的相互理解，以便更好地适应全球化的现代社会。

2. 审美性

"以美育人"的教育理念与我国传统的教育、文化理念有着密切关联，它是社会主义建设者和接班人全方位发展的教育布局中的重要组成部分。该教育方针旨在将德、智、体、美的素养培养于一体。通过音乐教育，学生可以发展和提升感受美、表现美、欣赏美、创造美的能力，培养情操，发展个性，激发创新意识和创造能力，丰富和发展形象思维，全面提升学生的综合素质。

音乐教育从本质上说是一种审美教育。音乐的美不仅体现在形式（音乐的表现要素）上，更体现在情感的表达上。情感美是音乐审美过程中重要的心理因素。由于音乐的审美特殊性所在，音乐课程具有独特的、不可取代的审美性。音乐课程以审美为核心目标，在音乐教育的全部过程中贯穿审美因素，并通过培养感受美、表现美、鉴赏美、创造美等音乐能力来提高音乐审美能力，形成审美情操。

3. 实践性

音乐音响无法准确地传达特定概念和物体的明确形状。只有运用多种不同的实践方式，如聆听、演唱、演奏、综合性艺术表演和音乐编创等，才能有效教授音乐课程所有领域的内容。学生通过参与实践活动，可直接感受音乐的吸引力，积累情感经验，为日后掌握音乐知识和技能、领悟音乐含义、提高音乐素养奠定坚实基础。

音乐是以声响为媒介，创造出美妙艺术形式的一门艺术。音乐的独特之处在于它没有固定的语义含义，具有高度的抽象性。这使得聆听者能够发挥他们的想象力和联想能力，体验到不同的主观感觉。因此，在进行音乐教学时，教师应该引导学生通过身临其境的方式来感受和理解音乐，而不应该让自己的主观感受代替学生的亲身体验。

音乐是一种艺术形式，它主要通过听觉和表演来呈现。只有通过聆听、演唱、演奏、音乐综合表演和创作等各种形式的实践，才能充分体会和表现音乐的魅力。在音乐课堂上，需要音乐教师注重实践性教学，为学生创造参与音乐实践活动的机会，让他们通过实践来感受和体验音乐。只有重视学生的亲身体验、培养其实践能力，才符合音乐学科的本质以及实现音乐教育的目标。

（二）音乐课程基本理念

1. 审美为核心，兴趣为动力

（1）以音乐审美为核心。人们对音乐的美感、理解、交流和认知组成了音乐审美，这也是了解不同音乐文化和人文内涵的一条途径。这种教学理念以"音乐美学"为核心，融合了中国传统的乐教和学校音乐教育经验，同时融汇了国际音乐教育理论成果。它是经过认真思考和深入理解基础教育音乐课程的特点和价值观所提出的。这一标准的表述表明，我们的音乐教育理念是建立在中国丰富的音乐文化传统基础之上的，与"培育"这一教育方针相一致。这也强调了音乐课程在潜移默化中对学生的高尚情操、健全人格以及美育教育的作用。对于音乐教师而言，在教学中贯彻"以音乐审美为核心"的理念是不可或缺的。

第一，体现音乐教学环境的审美特点。

在音乐教学环境中，审美特点表现为营造出美妙的听觉和视觉氛围，同时也表现为听觉和视觉环境的相互匹配协调。在音乐教育中，应当充分呈现音乐艺术的特殊魅力。艺术形式是通过声音创造的音乐，在音乐教学中，聆听是一项必备的基本技巧。为了创造出优质的听觉环境，良好的音响效果显得尤为重要。具有高清晰度和优美、舒适音质的音响可以让人们感受听觉上的愉悦，从而产生美的感受。在音乐教学中，教师应避免不良的音响产生，如避免使用音量过大、音质差、演奏音律不准的乐器等。

视觉环境的优美对音乐教学也是重要的。音乐教室的布置应当优雅、艺术化。如教室座位的安排与乐器的摆放，幻灯片、录像、多媒体的运用，以及歌片、挂图的使用等，都应该遵守创设良好的审美与情境的原则。

第二，体现音乐教学内容的审美因素。

音乐教学内容是音乐教学的依据，也是学生获得音乐审美感知和体验的物质基础。在音乐教学中所选用的歌曲或乐曲无论是音响的形式还是情绪情感、个性风格，都应该具备审美价值。例如，歌曲、乐曲的音响形式美（节奏、节拍、力度、速度、旋律、音色、和声织体、调式调性、配器等要素构成音乐音响的美感），音乐作品表达的情绪、情感美，或者是体现音乐作品个性风格特征的美等。

总之，作为一名音乐教师，需要具备善于发现和挖掘音乐材料中的审美因素的能力，并结合自己对于音乐审美的体验与理解，分析、处理教材内容，引导学生形成积极主动的审美体验和审美追求。

第三，体现音乐教学方法的审美原则。

音乐教学方法的审美原则主要体现在"参与性原则""情感性原则""愉悦性原则"等方面。首先，音乐材料的非语义性特点，决定了音乐教学必须让学生参与到音乐活动中，亲自体验、感悟对音乐的理解。在教学活动中，教师应尽量把教学过程设计成有利于学生主动参与的音乐活动，包括音乐欣赏、音乐表现、音乐创作等活动，并将有关的音乐基础知识融入音乐活动中，让学生在感受音乐美的体验中学习。其次，与其他音乐形式相比较，音乐的情感性特点使其更善于表达人的情感世界。情感是音乐审美感知的动力和中介。在音乐教学中，教师、学生及音乐这三者之间的情感互动，体现了音乐的审美体验过程。最后，音乐的愉悦性特征使人们在良好的心境下主动参与音乐审美活动。在教学中，教学方法的趣味性和游戏性也使得学生对音乐产生兴趣，这种兴趣是积极主动学习音乐的动力所在。

（2）以兴趣爱好为动力。兴趣是一种积极的情感倾向，它能引起人们对某种事物或活动的注意和参与，并激发人们去探索新事物、研究新问题，从而培养创新的意识和能力。这种内在的心理状态对于认知和学习都是至关重要的。当一个人拥有兴趣时，会极大地激发他们对参与、从事和探索某项活动的热情。一旦人们对某件事产生了兴趣，他们就会被吸引，不断地参与探索和研究。

对音乐的兴趣来自音乐学习内部的驱动力，是学生能够保持继续学习的最稳定的动机。因此，发展学生的音乐兴趣与爱好，是音乐学习的重要基础和原动力，是学生在音乐上持续发展、终身热爱音乐的根本保证。在音乐教学中，教师根据学生的身心发展规律，合理选择音乐，用音乐的美来吸引学生对音乐产生兴趣。在音乐实践活动中，教师要提出明确的要求并积极引导学生努力实现目标，使学生在克服困难的过程中体验创造音乐的乐趣，激发和培养学生对音乐的兴趣。在教学方法上，教师应该适当地采用表扬、鼓励的手段来激发和培养学生对音乐的兴趣。

2. 强调和鼓励音乐实践与音乐创造

（1）强调音乐实践。音乐是音响的艺术，它最终以声音的方式来表现音乐艺术的魅力。无论是别人创作并演奏的音乐，还是自己创作并演奏的音乐，都要通过欣赏、表演（演唱、演奏）等音乐实践活动才能实现对音乐艺术的感知。所有的音乐教学领域都应强调学生的艺术实践，积极引导学生参与演唱、演奏、聆听、综合性艺术表演和即兴编创等各项音乐活动，将其作为学生走进音乐、获得音乐审美体验的基本途径。在音乐教学中，教师要运用实践性的音乐教学方法，如律动教学法、游戏教学法、练习法等。在教师的指导下，学生亲身参与音乐实践活动，掌握音乐技能，发展音乐表现力，提高音乐审美水平。

（2）鼓励音乐创造。音乐的特点决定了音乐课程是具有创造性特征的学科。音乐的非语义性与不确定性特征使学生在体验、理解与表达音乐上带有明显的个体差异。在欣赏音乐时，不同的学生对音乐有不同的理解，会产生不同的想象与联想，这为创造性音乐思维活动奠定了基础。在参与音乐的演唱、演奏活动时，不同个性的学生会有不同个性的艺术表现。音乐创编活动更是明显直接地体现了音乐的创造性。"鼓励音乐创造"的基本理念，既突出音乐艺术的特点，又强调发掘人的音乐创造潜能及体现音乐对创造性思维能力发展的积极作用。它符合音乐艺术的规律，也符合音乐教育的规律。在教学中，教学内容的选择、教学方法的运用及教学评价的实施都应当以有利于发挥学生的创造性为依据，在各种音乐活动中培养学生的音乐创造能力。

3. 弘扬民族音乐，理解音乐文化多样性

（1）弘扬民族音乐。音乐是文化的重要组成部分。对于教育而言，传承优秀传统文化是其重要功能之一。在我国的音乐历史里，无论是传统音乐还是近现代的音乐，都是中华民族非常重要的艺术财富，尤其对于中小学生来说，学习这些内容是不可或缺的。因此，我们应该将中华民族优秀的传统音乐视为音乐教育重要的组成部分，让学生在学习中熟悉和热爱祖国音乐文化，增强对自身民族身份的认同感，同时培养热爱国家的自豪感。在国际音乐教育领域，弘扬民族音乐的教学原则已经成为一种共识。在世界范围内，将本民族音乐文化纳入音乐教学的核心内容已被普遍认可。

（2）理解音乐文化的多样性。随着信息化时代的发展，人们之间的联系更加紧密。不论是在国际、民族或个人层面上，交流合作都变得更加方便快捷。根据当今现实和音乐艺术的特点，我们的音乐课程理念是要帮助学生"理解音乐文化的多样性"。音乐是一种能够真实表达人类内心情感的艺术形式，在促进来自不同民族、不同地域的人们相互了解方面起到至关重要的作用。学习音乐课程可以帮助学生接触到来自世界各地不同国家、民族和地域的音乐，让他们直接领略到世界音乐文化的多样性。这种情感交流可以增进人与人之间的合作与发展，也有助于促进全球和平。

为了实现全球和平与发展，我们需要尊重和理解各个民族的文化差异，开拓自己的视野，深入学习各国各民族的音乐文化。弘扬民族音乐和理解音乐文化多样性是相辅相成、相互促进的目标。一方面，我们应该重视和传承本民族音乐文化，因为它是音乐文化的"母语"；另一方面，我们也应该从其他国家和地区的出色音乐文化中汲取经验，扩展音乐教育的眼界，丰富音乐教育的内容，分享全人类的音乐文化遗产。这是我们对音乐教育的努力和愿景。

二、音乐课程的结构

（一）音乐课程结构含义

课程结构是保障课程实施活动能够顺利开展的依据，是将课程目标转化为教育成果的纽带。一直以来，人们对课程结构的认识有不同的理解，至今没有形成被普遍认同且相对确切的定义。但从一般意义上来说，课程结构是指课程的各个组成部分或要素按照预定的一定准则形成相对稳定的联系。它涉及课程类型、具体科目在学校课程体系中的地位、作用和相互关系，以及同一学科或科目中不同内容的确立及其相互关系。课程结构具体分为以下三个层次：

（1）宏观课程结构，是指课程的类别结构。一方面，它受到社会文化发展和学科分类的制约，包括教育内容的文化选择及课程内容的领域划分；另一方面，它受到学科分类与课程内容分类之间整合的制约，包括学习领域和科目领域的划分。课程类型在不同的角度有不同的划分，根据课程的存在形态可分为显性课程和隐性课程；基于不同的主体进行设计、开发和管理，分为国家课程、地方课程和校本课程三种类型；根据课程不同的特性和性质可以将课程分为学科课程和经验课程；根据课程内容的安排方式，可将其划分为分科课程和综合课程；根据课程计划要求和课程的实施分为必修课程和选修课程。

（2）中观课程结构，是指课程的学科结构。它是由若干具体科目构成的学校课程体系，每一具体科目都是学校课程体系中必不可少的一部分，在整个学校课程体系中有着特定的地位和作用。

（3）微观课程结构，是指学科或科目的内容结构。它是由具体科目中不同的内容构成的，特定的内容在相应的科目中有着特定的地位和作用。它集中体现为教材的结构及其要素的相互关系。

音乐课程是中小学课程体系中的一个科目。音乐课程的结构属于微观的学科内容结构，是音乐课程的内容构成及其相互关系。一方面，中小学音乐课程由不同的内容要素构成，如各年级的具体学科教学内容要素；另一方面，构成音乐课程结构的各内容要素之间存在着一定的关系，如相关课程内容的时间安排及各内容间的衔接等关系。音乐课程结构中内容要素的合理构成，以及各要素间关系的相互协调，使中小学音乐课程的功能得到有效地发挥。

（二）音乐课程结构的确立和呈现

1. 确立

音乐课程结构的确立是音乐课程设计的重要环节和核心内容。在音乐课程设计中，课程目标和课程结构有着特殊的重要地位。音乐课程目标是音乐课程设计的灵魂，音乐课程设计都应以音乐课程目标为依据和基础，是为实现音乐课程目标服务的。课程结构作为课程设计的核心，是为实现一定课程目标而组织相应的课程内容。课程结构的确立必须以课程目标为基础和依据，课程目标决定课程结构，而课程结构则是对课程目标的具体反映。依据中小学音乐课程目标来确立课程结构，可以按照以下几个步骤进行：

（1）中小学音乐课程总目标的确定。音乐课程总目标是中小学音乐课程设计、实施、评价的中心目标和努力方向，它直接关系到中小学音乐课程的建设、发展及课程功能的有效发挥,因此,音乐课程总目标必须通过认真调查研究且在科学分析的基础上来确定。

(2)中小学音乐课程子目标及其优先顺序的确定。课程总目标在表述上较为笼统、抽象,它需要通过若干个子目标来实现、落实。因此,课程子目标的确定是在对课程总目标分解的基础上形成的,依据各个子目标自身的重要性及子目标之间的关联性来确定课程子目标的优先顺序,形成具体的课程目标体系。在中小学音乐课程中,根据其课程总目标,确定了审美感知、艺术表现、创意实践和文化理解四个维度的目标,每个维度的目标又包括若干个子目标。

(3)对中小学音乐课程目标和学科内容的分析。在音乐课程目标确定以后,必须依据课程目标对音乐学科内容进行对照分析,明确与课程目标相对应的学科内容,以及这些学科内容对实现课程目标的支持作用和支持程度的深浅。就音乐课程目标而言,对实现目标能够起支持作用的除音乐学科基础知识外,还包括音乐学科的特殊技能。但有的起重要支持作用,有的起直接支持作用,有的起间接支持作用,对此需要认真分析和把握。

(4)中小学音乐课程结构的确定。在进行音乐课程目标与音乐学科内容对照分析的基础上,进行科学的选择,确定最终的音乐课程内容,建构音乐课程的结构。一方面,在选择和确定课程内容上要考虑在有限的时间内明确对实现课程目标最合适、最有效的具体学科内容,注意相关学科内容的基础性、均衡性和时代性特征。另一方面,确定课程的框架结构。课程的框架结构是组织课程内容的逻辑主线,确定课程的框架结构就是确定组织课程内容的逻辑主线。中小学音乐课程内容的逻辑主线可分为学科知识逻辑、学科技能逻辑和生活逻辑。我国中小学音乐课程内容强调更多的是学科知识逻辑,注重学科知识的系统性和完整性,随着中小学音乐课程改革的发展,现在更注重学科技能逻辑和生活逻辑,强调以学生的生活为基础,培养学生的音乐学科技能,以符合学生生活的需求和发展的需要。

2. 呈现

在确立音乐课程结构以后,还需要通过一定的方式和物质载体将其呈现出来。就呈现的方式来看,音乐课程结构的呈现方式有多种,其中主要有描述性方式、数量化方式和应用性方式。描述性方式是指以语言文字表述中小学音乐课程内容要素及其相互关系的呈现方式。例如，中小学音乐课程结构采取的是单元主题式的组织形态，单元中又有唱歌、欣赏、乐器演奏和音乐创造等形式。数量化方式是指以数量表述中小学音乐课程内容要素及其相互关系的呈现方式。这种数量化呈现方式可以通过各种数字、时间、分值等来具体体现。应用性方式是指在中小学音乐课程实施中将课程内容要素及其具体展示出来的方式，例如，在教学过程中对单元、课时等内容的具体设计、处理和安排等。

就物质载体来看，呈现音乐课程结构的物质载体有很多，其中主要有音乐课程标准、音乐教材、音乐教学方案等。音乐课程标准是从整体上对中小学音乐课程的基本结构进行了设计和安排，明确了中小学音乐课程的基本内容要素及其相互关系；音乐教材是从方便教学的角度对中小学音乐课程的内容要素及其关系进行设计和规划，形成了一个系统的内容结构体系；音乐教学方案则主要从课程实施的角度对中小学音乐课程的内容要素及其关系进行具体安排，包括课程的内容、实施的顺序、实施的时间等。

第二节　中小学音乐教材的分析

一、音乐教材的概念及分类

（一）音乐教材的概念

在教育领域，从词条类、课程论及著作权等不同的角度出发，教材的定义有多种。《中国大百科全书（教育）》对教材的定义是："（1）根据一定学科的任务，编选和组织具有一定范围和深度的知识和技能体系。（2）它一般以教科书的形式来具体反映教师指导学生学习的一切教学材料，它包括教科书、讲义、讲授提纲、参考书刊、辅导材料以及教学辅助材料（如图表、教学影片、唱片、录音、录像磁带等）。教科书、讲义和讲授提纲是教材整体中的主体部分。"[①]

---

① 中国大百科全书总编辑委员会《教育》编辑委员会.中国大百科全书（教育）[M].北京：中国大百科全书出版社，1985.

从广义和狭义两个不同的角度来看，我们可以对教材的定义进行两种不同的解读。从广义角度来看，在教育课程中，老师和学生所使用的各类教学资料，其中包括但不限于课本、学习手册、教师讲义、补充读物、课程标准、工具书、影音资料、图片以及教具等。从狭义角度来看，狭义的教材是指依据国家课程标准体系编写的教学用书，它系统地阐述了学科的相关内容，是教师进行课程教学的重要参考依据。

在这里所提到的教材，是狭义角度上的教学资料，即教科书。音乐教材是指用于教学和学习音乐的资料，其中包括音乐教科书。音乐教材的关键在于音乐教材书籍。音乐教科书是根据教育部颁布的音乐课程标准制作的，它们考虑了音乐学科的特点、课程目标和教学任务，并根据学生身心发展特点进行精心编写。这些教科书以一种系统化的形式呈现音乐知识，涵盖了丰富的内容和有深度的知识，在教学中发挥着重要的作用。它是音乐教学的重要基础之一，也是衡量教学成效的关键标准。

（二）中小学音乐教材分类

从教材概念的多解性特点来看，对中小学音乐教材是从不同的研究角度，按其各自的侧重面来进行分类划分的。了解这些分类方法，对我们研究和把握教材的基本内涵、呈现方式、结构特征等有较大的帮助。

（1）根据课程方案（教学计划）的不同要求，中小学音乐教材可以分为必修课教材和选修课教材。

（2）从课程管理的角度来看，中小学音乐课程可以区分出国家、地方、学校三个级别，与之相对应的教材也可以分为三类：国家教材、地方教材和校本教材。

（3）根据课程标准（教学大纲）的规定与建议，中小学音乐教材可以分为基本教材和补充教材。

（4）根据教材展现媒介的不同，可以将中小学音乐教材分为纸质教材、音像教材（音频教材、视频教材）、多媒体教材、网络教材等。

（5）根据教材中的具体教学内容，中小学音乐教材可以分为唱歌教材、欣赏教材、器乐教材、音乐理论知识教材、音乐活动（唱游、音乐表演）教材。

二、中小学音乐教材编写的基本要求

（一）基本原则

学生在音乐教学中需要使用教材、配套的音响设备、音响教材，教师也需要使用教学参考资料。

1. 以学生为主体原则

满足学生兴趣、才能和需求，融合他们的生活经验，遵循他们的生理、心理和审美认知条件，提供音乐学习、音乐感受、音乐展演、音乐创作以及音乐文化知识学习的渠道，培养学生终身学习音乐和提高音乐欣赏水平的基础。

2. 教育性原则

音乐教育应体现在教材中，并将思想性和艺术性有机地结合在一起，以促进思想品德的培养。

3. 科学性原则

确保音乐知识技能的精准性和全面性，符合学生对音乐学习的认知要求。

4. 实践性原则

教材应着重考虑可行的实践活动，以便学生能够真正地贯彻所学。为了使所有学生都能参与实践活动，教材的难度和分量应当符合大多数地区的学习水平。

5. 综合性原则

撰写教材需注重深入挖掘音乐文化的深层含义，强化音乐文化与其他艺术形式及其相关文化之间的关联。

6. 开放性原则

保持传统与现代、中华音乐文化与世界多元文化之间的平衡，积极学习具有现代气息和具有时代感的优秀作品，密切关联社会生活，拓宽教学内容，让学生对音乐有更广阔的认识。

(二) 基本要求

1. 可接受性

义务教育阶段是基础教育的一部分，旨在为所有学生提供教育服务。在编写音乐教材时，应当考虑义务教育阶段学生的知识水平和接受能力，选择适宜的内容，以提高教学效果。它是音乐学科中必备的核心知识与技术。音乐的基础概念包括音乐理论中的重要知识点，如乐谱的识别、音符与节奏、旋律与和声、调式与音调、声音的特色与不同乐器的区别，也包括流行音乐和古典音乐等不同风格的主题和类型、人声的分类以及各种音乐表现的形式和主题等。音乐的基础知识还需包括民族和民间音乐的传统知识，以及音乐史学的基本常识。要精通乐谱识读能力、掌握常规的演唱或演奏技巧、能够从内心深处感受音乐的内涵，这些都是音乐学习的必备技能。在设计音乐教材时，需要考虑不同年龄段中小学生的身心发展和学习兴趣，以确保教材具有广泛的适用性和可接受性。

2. 艺术性

除了内容材料外，音乐教材的艺术性还体现在其组织方式上。在设计教材的每一个环节上，应尽量使其自然流畅，巧妙地融入其中。中小学的音乐教材通常涵盖谱例、文字说明和图片等内容，图片内容包括乐器图、演唱与演奏图示以及音乐家肖像挂图等。通过编排，旨在带给学生视觉与听觉上的美感体验，深化他们对音乐艺术魅力的理解。

3. 科学性

音乐教材的科学性体现在多个方面，其中之一是教材内容是否符合客观实际。编写音乐教材时，需要考虑对音乐本体知识的掌握，还需要涵盖音乐与其他姊妹艺术及非艺术学科的紧密联系。另一个体现音乐教材科学性的方面是多元化选择音乐作品。教材编写者需要兼顾介绍民族特色和世界音乐文化，继承中国传统音乐文化，还需要考虑其他地区、民族和文化圈的代表作品。

此外，音乐教材的科学性还体现在陈述具体材料的科学态度上，以及精密的编校质量上。

4.对创造性思维、音乐实践和创造能力的培养

音乐的学习主要是通过唱歌、乐器演奏、音乐创作、音乐欣赏、音乐基础知识与识谱记谱技能学习等音乐实践活动进行。这些都是与通过音乐感受体验活动、音乐表现和音乐创作活动,以及培养学生的创造性思维与创造能力等密切相关的。

音乐教学是以艺术实践活动为主的具有体验性、操作性、创造性的学科。音乐教材应注意设计安排丰富多彩的音乐实践活动,尽量避免单调机械的知识、技能的练习,在音乐实践活动中完成对学生创造性思维,以及音乐实践和创造能力的培养。

三、音乐教材分析的含义

分析音乐教材是音乐教学中的重要工作之一,因为音乐教材是最基础、最主要的课程内容和教学资源。只有通过对音乐教材进行深入剖析,教师方能更精于备课与展开授课工作。这涉及教师的教学方法设计、协调教学实施,尤其是与教学任务、教学目的以及教育目标有紧密关联。随着基础教育课程改革的深入发展,音乐教材分析应在特定的教育背景下对教材及与教材相关因素进行整体分析,并立足于促进学生知识与能力的发展。以下将从三个方面探讨音乐教材的分析意义:

第一,对音乐教材进行整体分析。对音乐教材的分析应该综合考虑多个因素,包括教材的内容、教学标准、学校及社会环境、教学环境、授课内容、学生的基本情况,以及教材对学生知识和能力的影响等多个方面的综合因素。

第二,要立足于学生的知识和能力发展,以此为基础进行音乐教材的分析。现今的音乐教材分析更注重于学科综合,不再以建立学科体系为主要目的,而是从多学科角度对教材进行分析。言下之意是,它不再以学科体系逻辑程序来对教材进行分析。在新课程改革的背景下,编写音乐教材时应该着眼于学生的全面发展,以学生的实际经验为出发点,遵循身心健康和认知发展的规律,有效地帮助学生建立学科知识体系。

第三,在分析音乐教材时,必须考虑教学环境因素对其的影响。在对音乐教材进行分析时,需要考虑其特定的教学环境,并将其综合到教学背景中进行分析,

而不能仅仅对教材本身进行分析。教学环境是指能够促进学生实现教育目标和完成课程的内外部条件及因素。学校外部环境包括社会、知识与信息、科技发展等；学校内部环境包括教学条件、学生、师资、教学设备、教学资源等。针对学校、年级和班级的不同特点进行有针对性的教学安排是必要的，因为每个学校所创造的教学环境都是独具特色的。因而，在分析教材时，不应只关注教材本身，而应优先考虑校内外环境的影响因素。越对学校内外环境进行客观准确的分析，教材分析对我们来说越有帮助。采用这种方法能确保对教学背景的准确了解，还能最大化地利用校内外资源，做到整合教材内容、设计教学方法、完成教学任务，从而实现教学目的以及教育目标。

四、中小学教材分析的内容

（一）音乐教材地位分析

音乐教材是一个整体，教材中的每一单元及每节课的具体教学内容都是音乐教材的有机组成部分，在教材体系中占有特定的地位，对增加学生的音乐知识与提高能力有着特定的意义。因此，分析教材首先要对教材的这种特定地位和意义进行分析。音乐教材地位分析建立在教师对音乐教材的整体研究和把握基础上，是确定教学目标、重点及难点，选择和处理教学内容，编写教学方案，设计教学环节，选择教学方法等的重要依据。

根据上面的理解，音乐教材地位分析显然可以从两个角度进行：一是分析所研究的教材在整个教材体系中的地位，二是分析该教材在发展学生音乐综合素质教育中的地位与作用。

（二）音乐教材功能分析

教材是为了实现教育目标而在教学活动过程中所使用的有关教学的基本材料。对于教师来说，它是教学的主要材料；对于学生来说，它是学习的主要材料。音乐教材是音乐教学与实践活动的主要媒介。因此，教材的基本功能是为教师的教学服务，为学生的学习和发展服务。教师对教材功能进行分析，主要是要明确教材在教学中的作用，尤其是对学生的学习和发展有什么样的作用。这种分析在教材分析和教学实践中往往具体表现为教师在研究教材的基础上，根据教材去确立教育目标与教学目标。

根据基础教育课程改革的精神，音乐教学目标按审美感知、艺术表现、创意实践和文化理解的"四维目标"来设计。根据教材确立教学目标，必须在深入研究教材的基础上，明确该教材对学生的学习和发展具有哪些方面的价值，包括学生通过音乐学习可以得到对哪些方面的审美感知与艺术表现的体验、提升，获取创意实践的能力，培养和提高学生文化理解和创造音乐的综合能力等。

（三）音乐教材结构

1. 音乐教材整体结构分析

教材的整体结构是指学科课程教材的整体框架。通过对教材的整体结构分析，可以从宏观的视角审视教学活动，以提高教学计划的合理性和系统性，有助于深入全面地实施教育教学工作。

2. 音乐教材单元结构分析

"单元"一词，在《辞海》中指学习内容被分隔成不同主题或模块的段落。在学校中，某门学科通常会被分为多个单元，这些单元具备相似的特征或者彼此联系紧密，最终形成一个完整的整体。这种整体会被分成不同的章节，并且安排相关的作业。通过这样的学习方式，能够让学生在一段时间内连续地掌握知识并对其巩固应用。不同单元之间存在某种联系。教学活动的基本组成部分是教学单元，它是教学中的基础。在学科课程中，教学单元指的是教材中一些具有相同性质或具有内在联系、可独立出现的部分。单元结构是指在一个教学单元内，每个课程之间相互关联，并形成一个完整的教学体系。中小学音乐课程的教材采用了单元结构的编写方式，由多个单元组成，每个单元又包含多个课程。通过对单元结构的分析，我们可以整体把握构成教材框架的基本内容或主题，以及单元教材的基本内容。

3. 音乐教材人文结构分析

音乐学科是人文学科的一个重要领域，是实施美育的主要途径之一。音乐课程包括来自不同文化身份的人们的思想情感和文化主张。这些人包括创作者、表演者、传播者和参与者。这些思想情感和文化主张也体现在艺术作品和音乐活动中。它们不仅呈现了不同国家、不同民族、不同时代文化的成长历程，还散发着独特的民族性格、民族情感和民族精神特质，具有深刻的人文意蕴。音乐教材的人文结构是围绕着音乐文化主题展开的，以此为核心构建教学单元，精心选材和编排每个单元，以呈现一份完整的音乐文化教程。人音版实验教材在单元结构和曲目选取方面，均注重人文主题，如音乐与人、音乐与自然、音乐与社会等方面，以表达人类文化及人文精神，帮助学生感知和认识这些主题，提升其人文素养。

第三章 中小学生音乐审美能力的培养

中小学生的音乐审美能力十分重要,本章针对中小学生音乐审美能力的培养,分别介绍了音乐教学审美的存在形态、中小学生音乐审美教学的实践、中小学生音乐审美能力教育现状与思考三方面内容。

第一节 音乐教学审美的存在形态

一、音乐教学审美的概念界定与存在基础

(一)概念的界定及辨析

1. 核心概念的界定

(1)教学美。教学美的内涵可总结为以下五点:第一,教学美是教学中审美因素和美感效应的综合;第二,教学美建立在真与善的基础上;第三,教学美是理想教学的体现,以教学精神为存在依据;第四,教学美是主体对教学进行的鉴赏性反思判断;第五,教学美是以审美的视角看待教学,对教学进行审美观照的产物。

因此,本书试将教学美理解为教学主体以真和善为基础、通过鉴赏性的反思判断对教学进行审美观照的依据,是教学理想的最高范畴,其形态蕴含于教学一切要素之中,体现着合规律性与合目的性统一。

(2)音乐教学美。音乐教学美是音乐课堂教学的主体(师生及全体参与者)以真与善的理想精神为基础,通过鉴赏性的反思判断,对作为审美对象的音乐教学要素及其整体进行审美观照的依据,是合规律性与合目的性的理想教学的体现。音乐教学美的形态体现于音乐课堂教学中的行为主体、教学内容、教学

设计、教学展开过程等诸多要素中。

2. 相关概念辨析

为深入理解与把握音乐教学美的内涵，要对与音乐教学美密切相关却极易混淆的相关概念进行讨论与辨析，以期奠定扎实的研究基础和明晰的概念框架。

（1）音乐教学美与音乐审美教育。音乐审美教育也被称为美感教育，主要培养人感受、鉴赏、表现、创造音乐美的审美能力，提升人的音乐审美观念、审美趣味、审美意识、审美素养等。音乐审美教育的命题基于音乐本质的艺术特性的定位，其本质指向音乐本体审美特性对人的教育影响意义。音乐教学美是针对音乐教学本身而言的，主要涉及音乐教学系统整体及其各要素所蕴含的审美因素、美的形态体现等方面。音乐审美教育的理念是音乐课堂教学的基本诉求，音乐教学是音乐审美教育开展的基础；音乐审美教育是在音乐教学过程中的主要活动，音乐教学促进音乐审美教育的落实与实施。二者是相辅相成的关系。

（2）音乐教学美与音乐教学艺术。教学艺术是为促进教学目的的有效达成和教学效果的优化。这需要教师在课堂教学中，根据相关教学经验发挥教学机制作用并恰当合宜地使用教学技能技巧进行教学活动。教学艺术主要体现于教师的教学实践活动中，是教师在教学实践经验积累基础上形成的，符合一定的教学规律。在内涵上，教学艺术与教学机制具有相通之处，强调实践、技艺与应用；在作用上，教学艺术通常作为一种方法手段，为一定的教学效果和目标服务，而教学美不仅作为一种手段，更作为一种目的和教学所要追寻的境界；在对象范围上，教学艺术主要关注教师的教学活动，教学美指向教学整体，包括教学系统等诸多因素。教学美包含了教学艺术的成分，教学艺术在某种程度上又是教学美的体现。

（3）音乐教学美与美的音乐教学。美的音乐教学体现出音乐教学本身作为审美对象而蕴含的审美特性，可概括为以下四点：一是教学形式与展开过程符合美的基本范畴与原则；二是教学充分地展现审美因素，产生进行审美观照的客观对象基础；三是在一定思想内涵、价值观理想和精神内涵深度的基础上呈现的；四是教学过程体现了音乐审美的过程，并追寻音乐审美的基本旨趣——教学作为音乐学习与审美的过程，使音乐美得到充分呈示、展现、解读与体验。美的音乐教学体现了音乐教学美，音乐教学美是存在于美的音乐教学中。

（4）音乐教学美与审美化音乐教学。审美化音乐教学是从审美的角度设计与改进音乐教学，将其整体及各要素以美的原则进行优化，使音乐教学本身成为展现音乐教学美的过程。审美化教学可以概括为两个层面：一是赋予音乐教学审美意义与审美价值，将教学过程看作美的呈现与创生过程；二是审美化设计音乐教学，使其成为表现、欣赏和创造美的过程。教学美是审美化教学所追求的目标，审美化教学是教学美的实现方式。

（5）音乐教学美与音乐教学的审美性。相对于教学的科学性和思想性，即以科学化、技术化的视角将教学看作由知识主线所组织的理性认识过程，或是进行特定思想教育的手段和途径。音乐教学作为艺术审美的实践过程，其审美性是自身所具有的基本特性。音乐教学各要素蕴含的审美潜在因素，使音乐教学具有审美功能。对音乐教学审美特性的承认及其审美意义的肯定，是进行教学美研究的前提和基础。

（二）存在基础

理想的教学美应体现教学精神。因此，教学美应包括精神美理想的基本内涵。精神美是真、善、美的统一，是形式美的依据和动力。根据前面对教学美概念的界定进一步推出，符合"真"范畴下的规律和"善"范畴下的意愿是教学美存在的依据。教学美建立在真和善的基础之上，就是本书在探讨音乐教学美所要确立的理论根基与理论基础。

1. 古代思想关于真善美三者关系的论述

关于真善美范畴及其关系的探讨，有着深厚的历史渊源。春秋时，孔子提出了"尽善尽美"，将美与善作为两个独立的范畴，看到了审美价值与伦理价值之间的矛盾，将艺术性与思想性兼备作为艺术价值的评判标准。孟子提出了"充实之谓美"，认为美是真理道德、学识品行灌注于内在人格体现出的外显形式，揭示了真善美的内在一致性。他又提出"仁义为美"，将美与善联系起来，将道德精神视作能够引起审美愉悦的对象。荀子提出"美善相乐"的观点，认为美与善是相辅相成、相得益彰的。墨子提出"务善则美"，认为美需要符合善的原则，要建立在善的基础上。

上述观点认为符合善的要求就是美的,在追求善的过程中,就已经体现了美。老子提出"天下皆知美之为美,斯恶矣;皆知善之为善,斯不善矣"的美恶(丑)相对说,将"丑"这一审美范畴与"恶"的道德范畴相提并论,认为美与恶是相互比较、相互对立的存在。又指出"信言不美,美言不信",这里的美指刻意修饰,以美与真的对立和不相容来批判当时存在的虚伪、伪饰现象,是一个指向道德范畴的命题,更加反衬出三者之间的矛盾统一性。东晋顾恺之提出"以形写神",认为形似的艺术表现准确性是作品传神的审美表现力的前提。东汉王充在其著《论衡·对作》中提出"真美"的理想美范畴,要求美必须与真相统一。明代李贽提出了"化工"的理想审美标准,"化工"指顺应自然、师法造化的合规律性要求,强调美与真的统一。

2. 真善美范畴的内涵与基本领域

真、善、美是人类一切活动的最高理想,也是一切价值诉求所表达的最高范畴。具体来说,"真"是人运用自己的认知能力、思维理性对真理真知、规律法则进行求索与探寻的目的,表现为合规律性;"善"是人类道德的基本范畴,是人意志诉求的最高理想,表现为合目的性;"美"是有意味的形式,是人审美心理的一切活动所理解认知、感受体验、评价判断、创造鉴赏的对象,是基于前二者基础上的统一,因此,真与善的因素就作为审美判断的前提依据。从人的心理结构来讲,真、善、美分别对应人的知、意、情的心理功能。"真"是理性的理想范畴,"善"是意志的理想范畴,"美"是情感的理想范畴。"真"首先指向理论、规律、法则等知识本体,是思维认识活动的内容,也是人的理性孜孜以求、不断探究的对象;其次,指向人在探求知识中,以思想认知活动为主的理性层面的审美愉悦与美感体验,在某种程度上与求知欲的满足和认识兴趣的指向密切相关,可以用理智感来形容;最后,指向依照一定科学性原则和规律进行的实践行为活动,体现在规律法则的理解认识基础上的践行。"善"首先指向伦理道德原则的内容,是人们意愿行为所遵循的一定社会伦理性的法度;其次指向人的道德感,道德感也被称为道德情感,是在审美活动中,从特定道德原则出发对审美对象产生的善恶评价与爱憎体验,常伴随着社会责任感、正义感、荣辱感、伦理感等,是审美情感的一种高级形式;最后,指向人类活动的合目的性,是个体的生存活动与周围环境相互作用关系的特性,包括人对环境的适应,通过有目的的活动改变环境和对象事物等。

3. 音乐教学中真与善的领域与教学美的关系

教学美蕴含于教学实践中,体现人类一切活动所追寻的真、善、美的理想原则。音乐教学美中的真范畴包括以下三个方面的内容:一是教学内容所蕴含的知识内容和自身的逻辑因素。就音乐学科来说,音乐虽以感性形态诉诸人的审美感知,但其音乐形态本身有着严谨的规律性。仅研究音乐形态的技术理论包括和声、曲式、复调、配器等众多门类。音乐本身的存在是真理的自行植入。二是由此而产生审美认知的理智感,即在认识、理解、判断中产生的情感体验。如,师生对知识和蕴含其中真理因素的欣赏赞叹,对知识的好奇渴求与怀疑批判,在知识追求和认知活动中产生的理智满足和充实等。在音乐教学中,当音乐作品被探究、发现与解读,当教学过程中以各样的方式对音乐要素进行感知体验,和谐、对比、整齐一律、调和对比等音乐的形式美法则,也在涉及思维过程的音乐感知中产生审美意义上的影响。三是在教学实践中,其行动本身体现的合规律性因素。合规律性主要包含两点内容:一是教育教学的科学规律,二是学生的审美心理发展成长规律。教学有一定的基本原则、操作模式和基本方法,这是教学论所研究的主要内容。掌握基本的教学技术、在一定的教学论理论原则下的实践,是保证教师完成教学工作的基础。学生审美心理发展的规律受年龄、成长环境、观念认知、个性心理特征等因素的影响,掌握学情特点基础上的教学实践是教学美产生的基础。

教学美中的"善"范畴包括以上内容。首先指向教学内容蕴含的德育因素,即音乐教学内容中涵盖的关于热爱祖国、热爱自然、亲情友谊、环保意识、劳动乐趣、文化传承与借鉴意识等人文主题内容,以音乐美的形象内涵于音乐审美形式之中。借助音乐美的形象,教育性的思想主题通过审美的方式产生着对德育的影响作用。其次,是在音乐教学中促进学生道德感的形成。爱国情感、友谊情感等在教学中,属于德育思想性的内容通过音乐美的形象得以传递,通过音乐审美体验活动在人的情感领域中产生潜移默化的积极影响,促进道德情感的发展。道德情感的培养使人形成对符合道德准则的行为事物的认同、愉悦、满意、欣赏的情感态度，对不道德的厌恶、排斥、羞愧的情感态度。最后，是音乐教学的教育性价值的发挥。音乐教学教育价值的发挥主要在以音乐审美活动为形式进行的教学交往中；在群体性的审美体验、思想交流与相互感染中。通过音乐审美活动促进人际交往，发展合作、沟通能力和集体参与意识等。善始终闪耀着美的光辉，美的活动呈现出善的意愿。善是美的条件，美蕴含着善。善以真为基础，美以真和善为基础。在教学中真善美的统一是教学的理想精神体现。真善美作为音乐教学所追求的理想教学精神，必然以音乐教学实践为基础。音乐教学精神美的内涵就蕴含于音乐教学美的具体存在形态中。教学美正是通过教学要素美的形态，承载和发挥着教学精神美的理想。

二、音乐教学审美存在形态的动态过程要素

（一）音乐教学交往的过程

师生关系本身对个体精神成长发展就起到培育、陶冶的作用。教学不是一种纯科学性的工作，是人与人心灵的碰撞，蕴含着交往的因素，与人们的日常交流有着相似的规律。课堂教学建立在师生的交流上，教学交流的开始是教育影响发挥作用的开始。现代教学论前沿理念日益重视教学中主体间的重要联系，将教学过程理解为师生在对话、交流和合作的过程中，进行文化传承与创新的活动过程。交往的前提是理解、信任与尊重。教学领域中的两种理解主要包括关乎人的理解和教学文本的理解。前者是指师生的自我理解与人际理解，后者关乎师生对教材的理解。信任是指在教学理解的基础上，相信学生作为独立生命个体，会从自身独特的审美观点、文化背景、生活体验出发，对教学文本进行个性化的解读，建构属于自己的意义框架。因此，教师要敢于将课堂交给学生，创设学生与教学内容展开对话的空间契机。其主要体现在前两者基础上对学生独特生命经历与个体感受的认同，对学生在文本理解过程中的审美个性与独特见解的鼓励，对学生观念的倾听和采纳，对学生想法的听取和支持，平等的对话交流等。

音乐教学的交往体现在围绕着作为教学内容的音乐及其相关审美活动，教学中的师生互动、生生互动都是教学交流的一部分。音乐教学交往可以通过语言的

方式来体现，也能以音乐为媒介，通过音乐表现活动本身来体现。

1. 对话交流中教学美的展现

教学中的语言交流既包括师生教学对话，即教师和学生围绕着一定问题展开的对话和交流，也包括学生之间的小组讨论活动等。在教学交往中，通过与学生的互动，教师对学生的观念进行启发，使学生原有的知识经验被充分调动，让学生自己的观念与思考作为他们音乐学习的基础。如，在人音版小学音乐四年级上册《妈妈格桑拉》一课中，有位教师的教学充分体现了师生对话交流的生成魅力。基于在整体感知、视唱旋律、歌词朗读等环节中对审美感性经验的铺垫，在歌曲段落划分的问题上，这位教师将这一问题抛出，请学生各抒己见并说明划分依据。有些学生认为，应该划分为两段，因为前一段是齐唱，后一段是合唱。教师说这是从演唱形式上进行划分的。有些学生认为，划分两段的依据是第一段的音乐情绪含蓄内敛、娓娓道来，第二段的旋律热烈舒展、饱含深情。教师说这是从音乐情感表达的角度进行划分的。最后，教师提出从歌词方面进行划分，第一段是叙述段落，第二段是抒情段落。在这样的教学对话展开过程中，学生对音乐进行着深入思考，分享着彼此的观念。教师及时总结性评价以及补充，更加深了学生的审美理解。在例子中，教师敢于将问题抛出，体现了对学生音乐感受能力的认可；学生主动的思考及观点看法的表达，体现了学生在音乐学习中作为审美主体的参与意识；师生就乐段划分依据展开的对话交流，体现了在教学交往中师生对音乐文本理解的共识。

2. 合作表现中教学美的体现

教学中以音乐活动本身为媒介进行师生交往活动呈现了更多教学美的生成。在音乐表演形式中，需要协作完成的方面有旋律接唱、节奏接龙、合唱、合奏，需要多声部的协作内容，更需要充分发挥整体合作的功能及效应。旋律接唱作为典型的师生合作式学唱方法，在歌曲接唱的一问一答中，师生通过音乐的媒介在合作中进行了审美情感的交流，使歌曲学唱变得趣味生动。旋律接唱有着交流影响的功能，有助于教师在一个自然的音乐教学情境中，将音乐的速度、节拍、音色和基本情绪等潜移默化地传达给学生。这样的歌唱合作对学生的注意力和歌唱准确性均有一定要求。小学低年级音乐教材中的许多歌唱曲目，通常节奏明快活跃、旋律发展简单,有一定的规律性,在歌唱教学中非常适合以接唱的方式来进行歌曲的学唱。

以人音版小学音乐二年级上册选用的北京儿歌《打花巴掌》为例,歌曲前六小节中的双数小节均为相同音高与节奏型的乐汇。在这节课的教学中,有位教师提取其中的音高要素作为铺垫,用科尔文音阶手势进行多重可能性组合的学唱,使学生熟练掌握其中的音高关系;接着是对节奏型要素的掌握;在这之后,教师随即加入单数小节与学生合作接唱,使学生刚刚掌握到的三个音在教师的歌唱配合下,形成了一支欢快的曲调,使教学颇具趣味性。

(二)音乐教学生成中的过程

生成是与预设相对而言的。由于学生个体的差异、班级学风的特征、教师的精神状态等因素,决定了在教学设计的落实中,必将有许多不确定因素。音乐教学过程是一个动态生成的过程,教学目的的达到、学生审美经验的增长和审美能力的提升都是通过教学过程来实现的。

1. 教学生成的基础要素

学生个体独特的审美观点、生活经验、审美体验和教学动态过程中的诸多可能性构成了教学生成的基础。音乐教学生成的教师观念基础在于将音乐课堂教学看作一个动态的、不断发展的过程,肯定教学情境中不确定因素的教育价值,将不确定性看作教学过程中不可或缺的一部分。正是这种不确定性,使课堂教学充满魅力。为有效促进教学生成,需要教师有高超的教学实践智慧与应变艺术。在进行教学设计时,教师要对教学实际进展的、未预期到的可能留有余地,要留出学生进行创造性活动的机会。教师在与学生的教学互动中,根据学生的回应和对学生反应的解读进行即时调整。

2. 教学审美活动中的生成美体现

人民音乐出版社的小学音乐六年级上册《木星——欢乐使者》作品的第二乐段以其纯朴宽广、亲切感人的审美特征营造出庄严崇高、纯净虔诚的气氛,带来宏壮质朴的审美感知。在这一课的教学中第二乐段行板的聆听环节,教师抛出"聆听音乐,想一想面对广博浩瀚的宇宙星空,我们有着怎样的感受?"这一问题。

伴随着音乐，学生进行了深入的思考。在音乐结束后，教师鼓励学生说出自己的感受。在这一例子中，通过提出的问题使学生反思自己的审美体验和审美感知，提供给学生与音乐文本审美对话的契机，引导学生去关注并理解在音乐聆听中产生的审美感性经验。以观念展示图的形式促进学生进行表述和分享交流的积极性，唤醒学生对自己音乐体验感受和审美理解的珍视。这种审美感知经过言说和解读的过程，便给予音乐审美以认知层面的深度。在这节课中，学生独特的音乐感受与理解的观念表达是教学动态生成的产物，而教学方法和过程就是生成的契机。

（三）多媒体技术应用中的过程

多媒体投影仪、电子白板等设备如今在城市的中小学音乐课堂教学中已经得到了普遍的运用。诸如视频或音频的截取、视听结合的审美呈现、画面情境的创设等，已成为音乐教学中不可或缺的教学手段。音乐课对现代媒体技术的有效运用，为很多匠心独具的课堂教学呈现出多种可能性，有效促进了音乐教学美的教学。以下三个教学例子中对多媒体技术的使用，使音乐教学展现出异彩纷呈的审美效果。例如，在人音版小学音乐二年级上册《打花巴掌》这首儿歌中，歌词里出现了茉莉花、海棠花、江西腊、野菊花、玫瑰花、牡丹花等花名。有位教师在音乐的整体感知部分进行播放歌曲的同时，呈现了PPT课件，课件上呈现出一棵大树，歌词中唱到的各式各样的花随着音乐的播放一朵一朵地开放在大树上。这视听结合、效果奇佳的一幕颇具审美效应，引来学生的一声声惊叹。另外，有位音乐教师在歌曲学唱环节呈现花朵图片，也产生了很好的审美效果。教师在范唱、歌词朗读、师生接唱时根据花名实时点击电子白板，使歌词中唱到的花轮流出现。在教学媒体上对歌曲内容的视觉呈现，不仅成功吸引了学生的注意，起到了辅助学生记忆的效果，也使音乐教学颇具趣味。这一方式适用于小学年龄段学生，可以使其在生动有趣的音乐审美活动中学会歌曲。

又如，在人音版小学音乐一年级上册《唢呐配喇叭》这一课中，有位教师为歌曲的合乐动作设计了十字步舞蹈的律动形式。但想要使全体学生在短时内能够有效地掌握这一具有一定难度的秧歌舞的基本步法，对于教学设计来说是一个新的难题。于是教师提前录制了十字步动作的微课教学视频，并用于导入环节。在视频中一个十字形的白色贴纸贴于深灰色的地面上，教师立于十字贴纸的上方，脚步在十字贴纸的四端移动。分解了的步法动作加上相应的语言解说，有效地展现了十字步的基本动作。在教学的导入环节，教师播放了这一教学视频，在教师的指导下，学生跟着视频很快学会了动作。

清楚明晰的讲解和层次分明的示范动作通过微课的形式被运用于课堂教学中，不但提高了教学效果，更以新颖别致的特点引起了全体学生的兴趣，形成美的教学形态。音乐是在时间进程中运动着的时间艺术，具有流动性。因此，在音乐欣赏课教学中，常存在着音乐的聆听感知和教师的即时讲解无法同步的矛盾。在交响音乐欣赏中，为促进学生的审美理解，许多关于旋律发展、强弱变化、主奏乐器的内容需要教师进行即时的讲解与提示。但在音乐聆听的过程中，若一遇到知识点教师就停下音乐进行讲解说明，会使对音乐的完整审美感知受到破坏；若在音乐播放中进行讲解，教师在讲解音乐形态的同时诉诸听觉感知，将使学生的注意力被分散，从而影响了审美感知；若选择在音乐结束前后进行讲解，许多细节内容在聆听中已无法与复杂的音乐形态相对应，因此常使追求音乐教学美感的教师甚为困扰。

有位音乐教师在一堂音乐欣赏公开课上，创造性地将弹幕技术应用到了音乐讲解中，使这一问题得到有效解决。在课堂上，学生在观看管弦乐队演奏视频时，教师应用视频软件，将需要实时讲说的内容通过手机发送至屏幕，以弹幕的形式将音乐审美要素特征的变化、此刻的主奏乐器、教师个人的审美感知，以文字的形式在学生聆听中给予视觉的呈现。这一做法既不影响学生完整的听觉审美感知，又能够对音乐有细致而即时的讲解。教师对网络技术媒介的别出心裁的教学应用，带给了学生新奇而独特的音乐欣赏体验。加上音乐作品的精彩解读、音乐思想的贯穿，教学媒体的使用在这堂音乐欣赏课教学中发挥了有效的审美作用。

在以上例子中，无论是对歌词中的花进行图片的展现，带来美的视觉呈现与有效的歌词记忆；还是微课教学视频的设计，带来学生对秧歌舞蹈基本动作的高效掌握；更有弹幕技术别出心裁的教学应用，带来的新奇审美体验与即时而透彻的讲解提示，皆是教师匠心独具的审美活动设计，通过现代教学媒体的巧妙运用，在音乐教学中收获了独特的教学美效果。

第二节　中小学生音乐审美教学的实践

一、小学音乐欣赏课审美体验教学

（一）理论基础

小学是国民教育体系的基石，在启蒙阶段发挥着至关重要的作用。在小学教育和审美教育中都不可或缺的是音乐教育，它在增强小学生创造力、审美能力及增添他们在审美和情感上的体验方面具有独特的价值，这是不可替代的。随着义务教育艺术课程标准得到贯彻实施，小学音乐课的一项重要内容即为音乐欣赏课。提升音乐欣赏课的地位，可以让小学生在审美体验方面得到更加多样化和丰富的培养。

1. 小学音乐欣赏课概述

放一些音乐给小学生听并不是小学音乐欣赏课的全部内容。要有效地开展小学音乐欣赏课程，必须充分了解其概念、内涵，准确把握最新的小学音乐课程标准。

（1）音乐欣赏的概念。在音乐欣赏课中，我们通过多种方式（聆听、分析乐谱、阅读相关背景材料）去感受和领悟作品所传递的思想情感和意境内涵。这种体验可以带来精神上的愉悦和情感共鸣，获得一种深刻的审美体验。在欣赏音乐时，教师要考虑的是选择何种音乐作品。由于不同的人年龄不同、文化背景不同且来自不同的地域，因此，其对音乐的欣赏也各具特色。教师在选择音乐作品时应该考虑听众的实际水平和接受能力，以确保音乐作品能够符合听众的口味和理解，使他们喜欢并能以欣赏的态度体验音乐作品。听音乐和欣赏音乐不是同一回事，前者只是享受节奏和旋律，后者需要深入分析音乐作品，以更深刻的方式感受音乐，并获得更高层次的审美体验，可以拥有更深远的心灵陶冶，受益匪浅。在音乐领域，人们通常会逐渐培养出三种不同的审美心态，分别是欣赏、鉴赏和批评。这些态度会逐步加深，最终让人们对音乐有更深入的理解和评价。需要注意的是，这里提到的批评是一个中立的术语，描述的是对艺术作品进行评判和解析的过程。欣赏是一种半主动的、多感官参与的审美行为，通过听觉的参与，对作品进行初步分析和产生感性直觉的审美享受。将音乐视作一种需要被欣赏的艺术形式是对待音乐的最基本态度。由于小学生接受能力和理解能力尚未发展完全，难以达到鉴赏音乐的程度，因此，需要对他们进行入门级音乐欣赏教学，让他们初步掌握一些音乐审美能力。小学音乐课中的音乐欣赏，可以让小学生接触各种不同类型和风格的音乐作品，帮助他们开阔音乐视野，有助于培养他们积极健康的审美情趣。这对小学生身心的全面发展起着至关重要的作用。

（2）小学音乐欣赏课内容。小学的音乐课程体系包括小学音乐欣赏课，它是一种以欣赏教学为主的音乐课程。音乐欣赏课是一种教学模式，教师运用音乐室、各种乐器、多媒体等教学工具，向学生传授关于音乐欣赏内容的知识和技能。专门为小学生设计了一门名为"音乐欣赏课"的课程，旨在让他们更好地学习音乐课程中的"欣赏模块"。这门课程的目标是培养学生对于各种音乐类型与流派、音乐所表达的情感和情绪，提高学生对音乐形式和表现元素的欣赏能力和理解力，而所有的课程都是按照这个方向来设计的。音乐欣赏课是音乐教学中最基础的课程之一，它可以帮助小学生培养良好的审美体验能力，是非常有效的教育方式。音乐课程的学习被分为两个时期，即一至二年级和三至六年级，每个时期都规定了特定的领域和课程内容。就小学一至二年级的音乐课而言，培养学生的欣赏能力主要包括以下几方面：初步辨别歌曲中音色、速度、长短和强度的变化；初步理解二拍子和三拍子音乐，在欣赏不同歌曲时感受到不同情感的表达；通过儿童歌曲、舞曲或进行曲来开展身体活动；同时聆听来自不同地区和不同风格的歌曲（包括纯音乐），拓展音乐欣赏的多样性。小学一到二年级的孩子在表达对音乐的感受时，由于思维能力尚未完全发展，可能无法准确使用合适的词汇。因此，在这个学段里，听、感受和体验音乐是主要的学习方式。在三到六年级的学习中，学生们的欣赏课程内容逐渐增加。他们可以唱一些简单歌曲，并且能够分辨不同音色、不同拍子和了解一些常见的乐器、音乐风格。他们能够识别音乐的基本结构和辨别音乐作品所呈现的情感氛围，还能辨别多种类型的歌曲，准确地辨认歌曲名称，能够欣赏来自中国和其他国家的传统音乐，体验不同的国家、地区、民族音乐的独特风格特点。在此学习阶段，小学生日渐表现出自主思考和语言表达能力，因此，在音乐欣赏课上需要的不仅仅是听，而且需要更加注重歌曲的演唱、辨别和描述。

2. 审美体验的概念

将审美和体验结合在一起，就会形成审美体验的概念，这是指一个人有意识地感知、认知自己情感和精神状态的过程。借助生命个体发展的观点，解释了审美体验的本质，即在个体的行为和交往过程中，情感不断交织碰撞，产生新的认知和理解。这种感悟并不是基于对个体独立的感知，也不能单单归因于当前所处的环境影响。它是个人全面投入整个生活体验的结果，在情境中进行参与，得出更加深入、全面的体悟。这种活动让人们通过身体和内心的感受来深入体验生命的自由，它不仅仅在表面上带来认知的体验，更能够激发人们内在的生命热情，重新感受生命的本质。这种活动能带来一种主客体融合的心理体验。

3. 小学音乐教育中审美体验的内涵

小学音乐教育注重孩子的审美体验，注重培养孩子在音乐学习中通过感受音乐所获取的种种美好感受，这些感受包括审美感觉、审美认知、审美联想、审美想象、审美情感等。这些因素曾被看作非审美理性审美认识因素，但如今我们可将其视为小学生在音乐课上形成的审美直觉和情感状态。小学音乐教育的关键是利用音乐来促进对学生审美意识的培养，以此达到丰富学生的情感、文化和道德发展的目的。这样一来，学生会变得更具文雅和爱心，也会进一步提升他们的综合素质水平。从艺术的角度来说，音乐是能够表达情感的一种形式。音乐美是一种独特的情感表达方式，它通过音乐被传递。这种美的特点在于情感的审美价值。由于情感和美的紧密关联，音乐教育的根本目标是通过情感教育和美育来培养学生。在实际教学过程中，通过培养学生的审美感受能力来增加他们的艺术鉴赏技能。通过丰富的音乐实践活动，可以帮助学生获得审美体验、表达情感。这种实践有助于学生培养鉴赏能力，提升自己的审美水平。

4. 小学音乐欣赏课审美体验教学价值

当音乐老师授课时，应充分利用音乐的美育功能，以音乐欣赏的方式将卓越的音乐文化传递给学生，从而增强他们审美体验，培养他们的艺术鉴赏能力。

（1）实现审美教育理念的最佳载体。在审美教育中，体验音乐带来的审美感受是非常重要的一部分。因而，教师能够把音乐视为贯彻小学审美教育理念的关键元素之一。音乐教学需要教师和学生紧密合作，通过一同参与、实践、创造和展示来感受音乐美。这个过程也在审美教育的交互影响下不断深化。教师为小学生设计适合他们身心特点和客观教学情况的教学活动，以提高他们的审美能力、推进他们进步，这就是审美教育。随着接受审美教育的过程，小学生的审美能力和认知水平呈现明显的提升，这也加深了他们对于世界和事物的理解。在小学音乐欣赏课程中加入审美体验元素，有助于全方位发展学生的思维能力。在聆听音乐作品的过程中，学生不仅能提高歌唱和动手能力，还能培养鉴赏能力和思维能力，并让这些能力得到有机结合，实现全方位的提升和锻炼。通过欣赏课程的审美体验教学，小学生的整体素养得到了提升。

（2）健全学生人格发展的实际需要。学生的人格发展需要得到全面的关注和培养，其中审美体验教学在小学音乐教育体系和实践中扮演着至关重要的角色，这是不能被忽视的。当小学生初次接触一首音乐作品时，他们会感受到这首作品独特的整体音响效果，以及由于旋律、节奏和音色等各个元素的合并所创造出的宏大效果。小学生在深入思考作品后，会被感染，随着旋律的变化，其情感也会转移。小学生对音乐作品的认知已不再是直观的感性认知，而是在内心深处产生了一种审美体验。这样的审美体验将小学生的日常生活和思考方式与音乐作品融为一体，作品所传达的审美价值让小学生的内心更加充实。音乐的功效不仅能够净化心灵，陶冶情操，还可以极大地促进小学生的教育与成长。举个例子，在小学五年级下册的人音版教材中，有一首名为《爱的奉献》的歌曲备受推崇，被广泛认为是公益歌曲的代表之一。它的歌词表达清晰明了、旋律柔和舒缓，因此被广泛使用于各种公益活动和主题晚会中。学生可以通过欣赏歌曲，深刻领会歌曲所传递的共同帮助、关爱温暖和无私奉献的感性内涵，从而引发学生内心的情感共鸣。音乐可以促进学生拥有良好的心理状态，对于培养学生的世界观、人生观和价值观等方面具有至关重要的指导作用。

（二）教学的路径

1. 在创设情境中感知音乐

在小学的音乐欣赏课中，学生通常需要通过现实的情境来体验和感知音乐所表达的情感，这样能够更好地理解音乐的意义。在小学音乐欣赏课程中，教师需要营造真实的音乐环境来激发学生的学习热情，让他们在身临其境的音乐氛围中感受到音乐的魅力，提升他们的审美水平。创设情境教学方法为学生提供了一个逼真的学习环境，旨在激发学生对音乐学习的兴趣。这种方法将使用不同的模拟工具来展示具体情境，通过考虑学生的年龄和认知水平来促进他们对音乐的更深入理解。为了启发小学生对音乐的学习和聆听兴趣，教师需要使用生动的语言和丰富的教学方法，引导小学生参与有趣的活动，帮助他们快速进入特定的音乐氛围，激发感性共鸣，以提高小学生的审美水平。

（1）以多媒体为媒介，丰富审美体验。在过去，音乐教学通常是通过语言和身体语言来传授的。然而，随着多媒体技术的引入，教师们可以使用动画、图片、视频和音频等多种形式进行授课，丰富课程内容，使学习变得更加有趣。小学生通常只听过旋律单一的幼儿歌曲，而现在他们开始接触更具深度和质感的音乐作品。教师可以通过运用多媒体设备，为学生创造不同的场景来增强他们的视觉和听觉体验，帮助他们打开音乐认知之门。

在音乐欣赏课审美体验的教学中，教师要协助学生提高认知水平，以达到更好的审美体验。由于小学生的语言理解能力有限，因此，教师要利用多媒体技术，在教学过程中用生动形象的方式呈现音乐作品的内容，以便更好地帮助学生理解。为了使小学二年级下册的学生更好地理解和欣赏歌曲《三只小猪》，音乐教师在授课前放映了同名动画短片。这一方法既能够吸引学生的注意力，又能够提升课堂效果，让学生更加深入地领略这首歌曲所传递的思想及其所代表的形象。学生对这个教学方法表现出了极高的兴趣。在这个阶段，学生重新审视歌曲《三只小猪》并进行学习，可以更容易地理解歌曲中的人物形象，同时能够更深刻地感受作品的魅力。在教授音乐时，特别是在欣赏主旋律歌曲时，教师可以放映一些描述祖国美景和历史文化的影片。通过这些电影和感人的歌曲，小学生可以得到更加强烈的情感体验，从而增强他们对祖国的深厚情感并提升审美素养。

（2）以语言为载体，激发审美体验。语言表达的生动形象是激发学生产生审美感受，提高音乐欣赏体验的重要手段之一，在音乐欣赏课中尤为关键。教师可以运用生动精彩的描述，描绘音乐作品所展示的场景、角色、事件等特点，让学生对作品的含义有更加深入的理解，从而在欣赏过程中得到更加丰富的情感体验。如，某位教师在欣赏《山童》这首童声合唱时，运用形象生动的语言进行导入："同学们，想象自己正置身于一个清凉宜人的夏日，走进美丽的山林。在那个地方，你能够欣赏到清流、青草、缤纷花朵和葱郁树木，还有许多招人喜爱的小动物在快乐地嬉戏。在这美丽的山林中，大家会聆听到哪些大自然的声响呢？同学们，请注意听，它们在唱歌……"在这样适合孩子们理解的表达方式中，教师营造了一个童话般的场景，让学生们能够想象出美丽的山林景色，同时歌声也让他们感到愉悦和美好。他们会跟随歌曲一起唱，认真倾听。教师将音乐中的场景与小学生日常生活中的经历联系起来，激发小学生的审美感受，引导他们在情感上进行交流和互动。

2. 以律动编创为方法，加强审美体验

在小学艺术教育中，音乐教学是表现领域必备的组成部分。音乐是一种非常具有感染力的艺术形式，小学生可以通过歌曲倾听来表达自己的情感，将内心的感受和世界投射出去。在教师的指导下，小学生能够理解音乐作品所表达的情感，也受到其潜移默化的影响，从而培养出健康积极的审美品位。在小学音乐欣赏课的审美体验教学中，教师应该引导学生在聆听音乐时与之产生情感共鸣，并使他们能够理解并感同身受。学习音乐离不开对节奏感的掌握，小学生可以在学习时配合律动，即通过肢体语言与音乐节奏的结合，达到更好的欣赏效果。这种方法能够让他们深入感受音乐作品的意义、文化背景和精神内涵，提升他们的审美体验。学生的情感表达能力会随着对音乐作品的理解更深入而得到提高。

（1）以律动表演为形式，表达情感律动。小学生对表演颇有经验。他们在幼儿园时期就已经懂得了如何进行律动表演。小学低年级学生特别喜欢音乐课上的律动表演。律动表演适合一到二年级小学生，他们的年龄特征是好动和好玩，而律动表演需要根据音乐节奏来做相应的身体动作。通过律动，小学生可以更精准地感受到音乐的节奏，通过肢体动作来表现对音乐节奏和情感的理解，这可以增强不同肢体部位之间的协调性，还能激发他们的表现欲望。表演律动舞蹈可以提高小学生的创造力和思维能力，让他们在跟随音乐的节奏中展现出自己的舞姿。通过参与律动表演这一活动，学生可以丰富自己的审美体验，提升对音乐的认知能力，更加准确和深刻地表达情感。学生可以通过律动表演感受音乐的节奏变化和力度变化，提高对音乐旋律的敏感度，从而初步学会辨识音乐的节拍。这还可以增强学生在音乐表演方面的能力。

（2）以即兴编创为延伸，深化情感。音乐的魅力之一在于它能给予人们一个想象的意境空间，它能通过即兴创作来表达情感，让人们更加深入地感受音乐所传达的意义。在小学音乐欣赏课上，每个学生对音乐情感的领悟不同，所得到的审美感受也会有所不同。这种差异正好能激发学生的想象力，给他们提供丰富的思考空间。小学生们充满了幻想，对周围的事物怀有浓厚的兴趣和想象。通过想象创造，他们得以满足自己的好奇心并发挥创造力。在欣赏课的审美体验教学中融入自由创作，可以激发学生的创造潜能，满足他们自主学习的需求，有助于培养学生的创意思维，是一种多赢的教学方式。

3. 以互动开放寻求音乐之美

艺术审美是一项相当主观的活动，而参与艺术活动反映了个人对审美的敏锐程度。小学生对音乐作品的欣赏、理解和领悟程度与他们个人的审美素质息息相关，而每个人对同一事物的观点都存在差异。只有积极投入音乐的聆听过程中，小学生才能真正领悟到审美体验的不同层次，并且深刻感受到各种音乐作品所呈现的独特风格。儿童通过欣赏美的事物，也能不断增强自己的审美能力。在进行审美体验教学时，教师应当设计多样化的音乐活动，以便让学生通过感性体验深入领悟音乐的魅力，最终实现审美体验的目标。在音乐欣赏课上，具备高度互动性和富有创造性的活动显得尤为重要。这项活动有助于学生之间加强交流，激发他们的创造性和想象力，并提高他们欣赏音乐的审美体验。

（1）以互动交流的方法，传递审美体验。随着素质教育理念的不断深入，传统的单一教学模式已经难以适应需求，因此，互动式教学已成为小学音乐教育不可或缺的组成部分。针对音乐欣赏教学，我们倡导使用师生互动和学生互动两种方式来促进交流。该教学模式注重师生之间的互动合作。音乐教师应与学生建立密切的互动关系，创造良好的音乐氛围，以激发学生的音乐欣赏兴趣，使其变被动接受为主动体验，从而提升其理解音乐和表现音乐的能力。通过师生的交流互动，创造了学生相互交流的条件，营造了一个高涨的师生互动氛围，这对于促进学生之间的交流互动至关重要。这样的师生互动，可以激发学生的参与意愿。因而，在欣赏课上提高学生的审美体验，需要教师积极发掘互动机会，让学生主动参与互动交流，分享自身的审美感受。

（2）以网络资源为契机，拓展审美体验。教师可以从网络世界中探索丰富的资源来启发学生对音乐的兴趣，让他们接触到更多不同类型的音乐作品；通过引导学生用自己的感性方式去聆听、记忆和想象音乐，让他们与音乐作品产生更深层次的情感共鸣；可以安排学生利用课余时间探究音乐作品的背景文化，这样能够更深入地提升学生对歌曲的审美体验。

二、运用情感教学实施初中音乐审美感知教育

（一）审美感知的认识

1. 兴趣的培养与音乐审美感知力的关系

兴趣培养指的是激发学生的积极情感，激发他们对事物的渴求和求知欲望。这种激发与音乐审美感知的发展密切相关。培养兴趣实际上是鼓励学生对学习产生热情，调动他们最积极的一面参与学习，激发学生学习欲望，提升学生情绪状态，更好地投入学习。学生的学习热情是培养学生自我驱动学习能力、激发学生好奇心和探索欲望、培养学生创造性思维的关键心理因素。在小学和初中教育阶段，激发学生对音乐的兴趣和建立良好的音乐审美能力，对于促进其他方面能力的形成和提升有极大的帮助。因此，在培养学生音乐审美感知的过程中，需要结合学生心理发展的特点，进行有效的引导。由于对音乐的理解与欣赏需要较长时间的积累，教育者需要通过培养学生对多元形式音乐的感知能力来推动其音乐感受力的形成。

2. 真实感受的获得与音乐审美感知力培养的关系

通过亲身参与、体验感受过程，个体才能真正感知和理解审美的本质。人类在生活中接触各种感官刺激，这些刺激能够帮助人们获取周围世界的信息，促进了个体心理精神的发展。如果限制这种生物性需求，那么审美感知能力就会变得浅薄和受限。我们只有通过对自然本性的直接感受，才能培养出思考审美的能力。相较于其他动物，人类能够通过感官对接收到的信息进行更高级别的认知，进而展现出别具一格的创造性和独特性。因此，教师在教授音乐课程时，应当考虑学生的身心发展规律和自然的启蒙活动。通过实践，让学生自己感受音乐的美感，建立持久的审美认知框架，从内心深处形成深刻的音乐审美体验，提升学生的审美感知能力。

3. 后天的培养对形成音乐审美感知力的重要性

人类的音乐能力是由基因决定的，也受后天的努力和训练的影响。在音乐方面，人们的天赋有所不同。一些学生通过敏感的天赋，自然而然地能够领会旋律，而其他学生则需要通过后天的学习和培养来慢慢提高自己的音乐感知水平。在进行音乐审美感知教育时，教师应以自身感受为出发点，遵循自己的审美体验，理解音乐的内涵。应从音乐作品的角度出发，深刻体会其内涵，避免因过度想象而脱离音乐本身。音乐是一种艺术品，我们在欣赏它时，会感受到它的外在和内在，这些感受是我们通过客观的方式来获取的。不同的感受方式可以帮助我们逐步提高自己的欣赏水平。因此，为了培养中小学生的音乐审美能力，需要注重学生的文化知识和文化修养，以扩展他们的知识层面，逐步构建良好的审美感知能力。

4. 审美感官与音乐审美感知力的关系

音乐是一种流动的艺术形式，人们通过听觉来感知音乐，因此，听觉是音乐审美感知的基本方式。对于中小学生，音乐审美感知教育的一个重要目标，是培养他们能够审美感知音乐的听觉能力。在普通音乐审美教育中，教师应该更注重学生的音乐感知能力，加强他们的音乐感知训练，始终保持对学生的音乐感知主体的关注。在小学阶段音乐教学中，教师可以采取多种音乐欣赏活动和方法，通过感性的音乐表现形式，逐步加深学生的音乐鉴赏能力和听觉体验。因此，在加强中小学生音乐审美能力的基础上，首先需要培养他们的音乐感知能力，也就是让他们拥有聆听音乐的耳朵。虽然只有美妙的旋律才能触动人们的内心，但对于不能识别音符的人来说，即使是最美妙的音乐也难以感受到其中的美妙之处。在音乐课上，教师需要确保学生们全神贯注地聆听音乐。

人们可能会认为，只需要被动地接受音乐刺激就算是聆听音乐了，但实际上，这种看法并不正确。听音乐不是简单地用耳朵感受，是一个从感性到理性的过程，需要通过深入的审美认知，对感官接收到的初始印象逐渐进行深化和理解。欣赏音乐不是以获取理性认识为唯一目标的活动。尽管对音乐的理性认识在整个欣赏过程中发挥了一定的作用，但这并不是欣赏音乐的全部。音乐的审美感受与一般的音乐聆听不同，它是一种全面的认知活动。在教育中，培养学生的音乐审美感受不是让他们了解某种音乐事物的属性，而是通过倾听音乐，将内心的音乐感受释放出来。中小学生只有把注意力从外在表现里抽离出来、全身心地沉浸在音乐的感性世界中、完全融入旋律和节奏的起伏、感受音乐的深刻内涵和情感流动、发挥内心的想象力去感受，才能真正领略到音乐渗透到灵魂深处的美妙感觉。欣赏音乐是一种才能的表现，这种才能需要通过反复练习逐渐培育和发展，而非天生具备的。听众们对音乐的审美反应是因为他们个人的感受和偏好不同。人们听音乐时的关注点不同，有些人关注于音乐的声音和形式，有些人专注于音乐传达的情感，还有人可能会在聆听音乐时产生各种联想和幻想。感知音乐的基本目的，是通过对音乐审美的体验来欣赏不同类型的音乐。因此，在引导中小学生形成欣赏音乐的习惯和意识的过程中，教师应特别注重歌曲的节奏、强度、速度等要素，让学生能够从旋律、节奏、音色和强度等方面领会音乐的内在美。教师也不应限制学生的身体动作和感受，因为音乐是感性的表达，不是理性的。因此，在欣赏音乐时，人们可以凭借身体感官自由地调动所有能感知音乐的审美感官，这样才能真正唤起音乐的外部审美感受。教师应当专注于确保学生获得有益的音乐感受，而倾听是获得音乐感受的必要步骤。在这个过程中，教师可以运用不同的倾听技巧来帮助学生更深入地倾听，以认识到每次倾听音乐的重要性。通过这种方式，学生可以深刻体会音乐所蕴含的优美和丰富多彩的审美感受，从而真正打开他们的音乐心灵，体验音乐之美，最终实现音乐审美感知力教育的宗旨。

5. 内心听觉的培养对发展音乐审美感知力的作用

在音乐欣赏过程中，人们会经历不同程度的审美欣赏反应，而内心听觉的提升，能够促进不同审美状态下的心理功能表现。因此，如果想要提高中小学生的音乐审美能力，就需要关注他们内心听觉的发展。教师需要同时重视中小学生外在的听力能力和内在心理听觉环境的培养。音乐的欣赏过程是由从生理感官到心理感受再到审美理性认识的过程构成的，只有在这个过程中拥有了深刻持久的音乐审美感知体验，学生才能真正感受到音乐的美妙。

在聆听音乐时，教师要考虑学生的实际体验和感受，帮助他们理解音乐的内涵，从内心深处感受音乐的情感力量；应鼓励中小学生用想象力感受音乐并尝试将其画面化，这样他们就能够通过在内心听觉的帮助下，对音乐产生情感共鸣；需要注重学生将外部感官体验和内心听觉有效结合起来，以更好地体验音乐，这些因素都非常重要。如果在音乐课堂上，学生对于所播放的音乐表现出的是麻木甚至漠不关心的态度，这表明学生并未与音乐产生情感上的共鸣。他们只是在听外部的声音，而内心听觉感受并没有波动。如果只是在外部感官的层面上聆听，那么所得到的也只是声音效果的叠加。这种听音乐的方式不能算是有效的聆听，而且对于中小学生培养音乐审美的感知力也没有任何帮助。因此，教师必须认识到培养学生音乐审美能力需要注重培养内心听觉。由于音乐是艺术的展示和心灵美的体现，只有将这两者相互融合，教师才能够切实地促进中小学生音乐审美思维的发展，并且激发他们对音乐艺术的热爱，推动学生音乐审美水平的提高。

（二）情感在音乐审美教育中的地位

在音乐审美心理学的理论层面上，情感在审美活动中扮演着至关重要的角色，是影响人们音乐欣赏的最重要心理因素。从音乐教学的实践角度来看，情感体验成为音乐审美活动的核心任务。

1. 是音乐审美活动中最重要的心理因素

（1）情感的心理学定义。根据心理学的定义，情感可以被理解为人们对客观现实的一种特殊反映形式，表现为对客观事物是否满足个体需求的态度和体验。因此，情感可以被视为一种主观体验、主观态度或主观反映。

（2）情感在各种审美心理因素中起着关键的中介作用。①在感情范畴内，情感是连接情绪与情操的中介。在心理学领域中，情感、情绪和情操都属于感情范畴。情绪是最基本的感情现象，它是对外界刺激作出的反应，通常表现为明显的外在行为，持续时间较短；情感更为高级，具有相对稳定和内隐的特点，反映了人类基本的社会需求；情操是最高级的感情形式，它与社会的价值观念相结合，是在社会教育和文化影响下后天形成的。音乐通过声音作为媒介，直接影响人的感官，引发相应的情绪反应，进而产生情感体验。积极的情感体验在不断积累中逐渐转化为高尚的情操。因此，情感在情绪感受的基础上起到了连接情绪与情操的重要中介作用。②在音乐审美心理的统一体中，情感是各种审美心理因素的中介。音乐审美心理包括审美感知、审美想象、审美情感和审美理解等多个心理要素，它们共同构成了一个有机统一的整体。这些心理要素通过情感作为中介相互交织，形成了音乐审美心理的综合体验。

2.是音乐审美体验过程中最活跃的核心因素

音乐被视为一门时间的艺术，从时间的纵向发展角度来看，音乐的审美体验可以分为三个不同阶段：初级阶段、核心阶段和升华阶段。

（1）审美初级阶段。音乐以音响艺术的形式直接影响人的感官系统，激发感官的刺激性反应，产生愉悦感。通过适当积累和正确引导，这种刺激与愉悦的体验可以引发个体对音乐产生兴趣。这种感官刺激与情感体验构成了音乐审美体验的心理基础，是音乐审美体验的初级阶段。

（2）审美核心阶段。一旦个体对音乐产生了一定的兴趣，那么在音乐的审美过程中，涉及的感知、想象、情感和理解等心理要素就都被调动起来，在整个过程中相互作用、相互影响。其中，情感起着核心作用，它贯穿于音乐审美体验的始终。

（3）审美升华阶段。在音乐审美过程中，个体通过情感体验与音乐产生情感共鸣。随着不断的积淀和沉淀，个体逐渐培养出健康的审美趣味，通过音乐进一步熏陶和提升自身的情操，是审美体验的升华阶段。

通过上述分析，可以得知，在审美体验的初级阶段，审美感知激发兴趣，引发审美情感的产生；在审美的核心阶段，情感不仅是最为活跃的心理因素，也是连接其他审美心理要素的纽带,起着综合调节的作用;在审美的升华阶段,个体通过不断积累审美情感来得到情操的陶冶。因此,审美情感不仅仅局限于审美活动的某个特定阶段,而是贯穿于整个审美体验的过程,始终伴随着个体的审美活动。没有审美情感,就不能真正实现审美活动的存在和意义。

(三)情感教学体系构建

对于初中音乐教学中的关键概念,如情感、情感教学和情感交流网络,已经进行了明确定义,为构建情感教学体系奠定了基础。本书认为,在初中音乐的审美教育中,情感教学体系由以下要素构成:情感教学目标、情感教学的具体操作环节、情感教学策略和方法。

1. 初中音乐情感教学目标

初中音乐情感教学的目标包含总体目标和情感目标两个维度。

(1)总体目标。通过充分重视和有效调动各种情感要素,可以有效地促进音乐审美教育目标的达成。

(2)情感目标的维度。①乐情维度。乐情维度是衡量音乐审美活动对学生对音乐和音乐课程的喜爱程度的指标。在音乐审美教育中,乐情维度的主要关注点是培养学生的音乐审美情感发展目标。②冶情维度。冶情维度是衡量音乐审美活动让学生获得积极情感体验程度的指标。在音乐审美教育中,冶情维度的主要目标是培养学生的音乐审美能力。③融情维度。融情维度是用来评估音乐审美活动中教师与学生、学生与学生之间情感融洽程度以及对音乐审美行为促进程度的指标。在音乐审美教育目标体系中,融情维度的主要目标是培养音乐审美行为的发展。

当然,情感教学目标与音乐审美发展目标之间存在密切联系,它们是一个整体的组成部分。实际上,情感教学的三个目标维度在不同程度上都涉及审美情感发展目标,只是为了更加明确地进行操作,我们选择了其主要指向的方向。

2. 初中音乐情感教学的具体操作环节

在音乐审美活动中,情感教学的主要任务可以划分为四个操作环节,即诱发、陶冶、激励和调控。

（1）诱发。诱发阶段旨在激发学生对当前音乐审美活动的兴趣，促使他们积极参与其中。

（2）陶冶。陶冶阶段旨在通过音乐审美活动培养学生的音乐审美情感和相应的审美能力，让他们逐步形成健康的审美趣味，塑造高尚的情操。

（3）激励。激励阶段旨在通过音乐审美活动持续增强学生学习的自信心和胜任感，以激发他们对音乐学习的后续动力。

（4）调控。调控阶段旨在确保学生在整个音乐审美活动过程中保持积极的情绪状态。

3. 初中音乐情感教学策略和方法

（1）教学策略的定义。在郑莉主编的《初中音乐教学策略》一书中，对教学策略的定义是："教学策略是指在特定的教学任务中，为了提高教学的实效性，在某种教学观念、理念和原理的指导下，根据教学条件的特点，对教学任务的诸要素进行的系统谋划，以及根据谋划在执行过程中所采取的具体措施。"[①]

（2）情感教学策略的定义。特定的教学任务指的是音乐审美活动在某个具体教学课时中的展开。而教学任务的要素主要包括审美发展目标、教学内容（音乐作品）、教学方法和教学评价。因此，本书认为情感教学策略是根据以下理念和理论进行指导：一是音乐教育的核心是审美教育，二是情感体验是音乐审美活动的核心任务。在这些指导下，情感教学策略对音乐审美活动中的各种情感因素进行系统谋划，在执行过程中采取具体措施来强化审美情感体验。这些策略的制定基于音乐艺术的情感特征，并受到音乐审美心理学、情感教学心理学等相关理论的支持。

（3）情感教学策略的五条主要策略。在音乐审美活动中，对情感体验产生影响的因素主要包括以下五个方面：音乐作品、教学情境、教师投入、师生交流和生生交流。

我们将初中音乐情感教学策略也对应地分为以下五大策略：一是作品剖析策略（对应音乐作品要素），二是情境创设策略（对应教学情境要素），三是教师主导策略（对应教师投入要素），四是师生互动策略（对应师生交流要素），五是生

---

① 郑莉. 初中音乐教学策略［M］. 北京：北京师范大学出版社，2010.

生互动策略（对应生生交流要素）。考虑到音乐作品、教学情境与教师投入这三个要素直接指向学生对音乐作品本身所蕴含的情感因素的体验，在音乐审美活动中起重要的核心作用，在情感交流的动态网络中属于主回路，所以，将与其相应的前三条教学策略列为初中音乐情感教学的核心策略；而与师生交流和生生交流相关的后两条教学策略，在音乐审美活动中对强化情感体验起着辅助性的促进作用，在情感交流动态网络中属于次回路，因此，将这两条教学策略列为初中音乐情感教学的辅助策略。

综上所述，初中音乐情感教学的体系是由情感教学目标、情感教学的操作环节及情感教学策略和方法等构成的一个有机整体，同时与音乐审美教育的目标有紧密的联系。首先，在初中音乐教学中采用情感教学，其根本目的在于有效地实施音乐审美教育，促进学生的音乐审美心理发展。初中音乐审美发展目标分为审美情感发展目标、审美能力发展目标和审美行为发展目标三个维度。初中音乐情感教学的目标分为"乐情、冶情、融情"三个维度，两者之间在操作层面可以近似地认为存在一一对应的关系。"乐情"目标维度对应审美情感发展目标；"冶情"目标维度对应审美能力发展目标；"融情"目标维度对应审美行为发展目标，这些目标最终均指向音乐审美发展的总目标——强化学生的音乐审美体验，提高学生的音乐审美素养。

在初中音乐教学中，情感教学是一个动态的情感交流过程。这个过程中，教师和学生作为情感主体，他们之间建立了情感交流的网络，可以分为两个主要部分：一是围绕教学内容的情感交流主回路，二是基于师生关系的情感交流次回路。

主回路是情感教学中的关键部分，它主要涵盖了音乐作品、教学情境和教师投入这三个操作层面的情感要素。为了有效调动这些情感要素，我们通过对它们的谋划和实践进行总结，提出了三条初中音乐情感教学策略，分别是作品剖析策略、情境创设策略和教师主导策略。而情感教学的操作环节包括诱发、陶冶、激励、调控四个环节。从操作环节和目标维度的分析来看，情境创设策略主要应用于诱发环节，旨在激发学生的兴趣和情感参与，主要针对"乐情"目标维度的发展；作品剖析策略和教师主导策略主要应用于陶冶环节，通过深入剖析音乐作品和教师的引导，培养学生的音乐情感和欣赏能力，以达到"冶情"目标维度的提升。这些策略组成了音乐情感教学的核心策略，每条策略下都包含了具体的教学方法和手段，以优化课堂教学，提高实施音乐审美教育的效果。

在情感教育的实施过程中，次回路主要涉及师生交流和生生交流这两个操作层面的情感要素。通过对这些要素进行策划和实践，本书总结出了两个初中音乐情感教学策略，即师生互动策略和生生互动策略。在具体的情感教学环节中，这两个策略主要应用于激励和调控环节，以实现"融情"的目标。它们作为音乐情感教学的辅助策略，每个策略都有自己相应的教学方法支持，有效地提高课堂教学效果。

情感在音乐审美教育中扮演关键的角色，所以说，在初中音乐教学中应用情感教学是可行且必要的，具有重要的意义。初中音乐情感教学体系是基于音乐教育的审美本质，以科学的情感教学依据为基础构建而成，具备扎实的理论基础。该体系包含了系统的操作层面的教学策略和方法，在实际教学中具有很强的可操作性。因为初中音乐情感教学的教学策略和方法在实践中发挥着重要作用，具有一定的组织结构，具备显著的教学效果。

第三节　中小学生音乐审美能力教育现状与思考

一、影响教学实践过程中的制约因素

教育方针政策是教育者智慧的结晶，它具有重要的理论意义。然而，在实际教育实践中，存在许多因素会对教育理念的实施产生影响。

（一）学校的重视程度

培养学生的审美价值观和审美感知力是一个逐步发展的过程。一方面，这是一个内在的过程，不能轻易地立即转化为教学成果；另一方面，对学生审美能力提升的评估方法一直存在争议。学校更注重排练合唱或培训乐器演奏等可直接展示教学成果的活动，较少重视能提高学生音乐欣赏能力的活动。因此，如果学校

行政管理层过于追求短期成效，将会影响音乐审美教育理念的贯彻。中小学教育是国家文化教育发展的基石，是民族发展的重要环节。教育者不能只看眼前利益，应以更长远的眼光来关注学生的成长和进步。

（二）教师的综合素质

教师是教育实践的执行者，也是课堂教学的核心。教育理念能否正确地贯彻实施主要取决于教师。因此，音乐教师的综合素质直接影响到课程标准的有效实施。在其教育展望中出现了综合课的理念，综合课的实施要求拥有具备综合能力的教师队伍。

二、中小学音乐教育中学生审美感知能力培育的问题

在中小学音乐教育中，教师应当关注学生对音乐作品的精神感受，以及音乐给他们带来的愉悦和体验。

学生之间存在个体差异，意味着并非所有学生都具备音乐素质或对音乐充满热爱。因此，在音乐教学中，教师对学生的基本素养提出了很高的要求。音乐教育应当以提升学生的综合素质为核心，面向所有学生展开教学。教师不应根据学生的差异而不同对待，应为学生提供平等、自由的学习机会。这意味着在中小学音乐教育中，教师需要及时更新教学理念，了解学生在爱好、认知能力和综合素养等方面的差异，因材施教，用来满足不同学生的需求。

教师必须具备较高的审美意识和思路，在音乐教学中，基于自身的理解与认识，深入剖析音乐知识点，将其传递给学生，让学生在感受音乐的同时，体会音乐所传递的审美价值。

三、培养中小学生音乐审美能力的创新路径

（一）以情为主，注重情感体验

情感是培养审美能力的基石，音乐审美教育的核心在于情感教育。在音乐教师备课时，需要深入了解作品的创作背景和作曲家的相关资料，深入挖掘和研究

作品所要表达的情感和风格特点，积极发掘音乐作品中蕴含美感的审美因素，如旋律、节奏或歌词。在教学过程中，教师引导学生深入理解作品的真正内涵，在教学范唱中更好地展现歌曲所蕴含的情感。教师应注重将作品的创作背景、内涵、表达主题与自己亲身经历相结合。在对作品进行分析理解时，教师应运用准确、生动的语言，表现出饱满的精神状态和恰当的肢体语言，用心营造一个良好的音乐环境和情感氛围，让学生沉浸其中，感受作品浓郁的情感氛围。通过构建的音乐情境，能够唤起学生强烈的学习欲望，使学生、作品和作者的情感融为一体，让学生身临其境，实现审美教育的目标。

（二）循序渐进、因势利导

培养音乐审美能力需要遵循循序渐进、因势利导的原则，在教育过程中实施因材施教的策略。审美能力的培养涉及审美感知能力、审美想象能力、审美情感和审美理解力等方面。在实际音乐教育教学中，教师需要重视学生的心理特点和年龄结构，依照教学内容、形式和要求的不同来确定相应的教学方式。

对低年级学生而言，他们正处于思想认知水平的初期阶段，各方面能力还未完全发展成熟。虽然他们拥有丰富的想象力，但对音乐的感知尚不清晰，他们就像一张白纸，这就更需要教师在培养他们的审美感知和想象能力上下功夫，引导他们逐步提升对音乐的理解能力。在这个懵懂时期，学生充满好奇、渴望新事物、具有充满活力和模仿的天性，因此，教师应该根据他们的特点来引导他们理解。这对教师在音乐教育中提出了更高的要求，需要注重温和引导、因材施教和寓教于乐。在教学过程中，应注重"聆听美"，让学生聆听带有不一样情绪的音乐，并通过不一样的身体动作和节奏来表达。以上就是培养音乐感受能力的最开始阶段，也是适应低年级学生的最为基础的教学需求。

对于具备一定音乐基础的高年级学生，他们通过知识的积累和心理、生理的发展，已经具备了基本的音乐感知能力。因此，加强对他们审美教育的引导会更容易。这个阶段的教师不仅仅是要求学生听音乐，更要注重培养他们对音乐美的感受能力。在教学过程中，教师要求学生能聆听并感受音乐的美，还要了解为什么美、美在何处。通过音乐教学中对美的体验和领悟，学生可以逐渐成熟起来，并初步将积极向上的道德观、审美观和世界观融入他们的思维中。除了广泛开展丰富的课外音乐实践活动外，还应适时引导学生进行二次创作。在课本知识和原作的基础上，根据自己设定的场景，利用熟悉的旋律，学生可以自编自导一些小歌曲、小舞蹈等。这样的实践能够拓展课堂教育，达到学以致用的目的，让学生创造出自己原创的音乐作品，享受音乐之美，促进他们身心的健康发展。通过这样的方式，审美教育可以发挥积极的作用。

（三）构建完美课堂结构与环境

音乐最初源自听觉，通过聆听来培养学生的审美能力是一种有效的方法。在教育教学中，教师应该设置丰富的听赏活动。首先，让学生在聆听音乐的过程中感受和欣赏，通过发挥他们的想象力，鼓励他们表达自己独特的见解；其次，让学生体验和感受合唱、齐唱、轮唱等不同的歌曲表现形式，通过学习和分析歌词，多角度感受歌词的意义之美和歌曲旋律之美，理解作者所表达的思想和情感。除了教材中规定的歌曲，教师还应该适当地扩展学生的音乐选择范围。在倡导多元化音乐教育的观念下，选择拓展内容要更加丰富多样。这样可以让学生在欣赏音乐的过程中多元地理解歌曲所传达的内涵，从而丰富他们的音乐鉴赏能力、开阔他们的视野、提高欣赏和鉴赏水平，最终达到良好的审美教育效果。当前社会普遍倡导创新精神，因此，勇于创新和如何创新已成为评价一堂出色音乐课的标准之一。在教学中，教师应该鼓励学生创造出展现他们独特表现力的作品，激发他们的创新意识，增强他们对音乐学习的兴趣和自信心。这样的教学方法充分提升了学生的主观创造能力，通过身临其境的实践，有效提高了他们的审美能力。

创建一个良好的课堂环境是非常重要的。音乐课应该营造出音乐课堂独特的氛围。除了注重内容的教学，教师也不能忽视外观的装饰。一个装备有钢琴和多媒体设备的音乐教室，对于构建课堂环境、引导学生进入音乐世界至关重要。此外，教师可以要求学生提前预习本课内容，在不干扰其他学科学习的前提下，对音乐教室进行简单的装饰。教师在课堂上可以携带相关的音乐道具，这不仅能提升音乐教学的氛围，还能让学生在了解更多乐器的同时，从另一个角度培养他们的审美能力。

音乐源自生活，教师应将音乐再次融入生活。如果条件允许，教师可以安排一堂在大自然中进行教学的课，将固定的每周音乐课中的一节课搬到户外。如，可以选择《春天在哪里》这首歌曲，在大自然的环境下进行教学。这种方式是任何教室装饰都无法比拟的，因为真正身临其境的体验更有利于学生理解歌曲所传达的美感，使他们拥有真正的审美体验。

第四章 中小学生音乐创造力的培养

学生的创造力应当从小培育。本章主要内容是中小学生音乐创造力的培养，包括音乐创造力概述、我国中小学生音乐教材中的"创造"教学内容、中小学生音乐创造力培养的策略。

第一节 音乐创造力概述

一、音乐创造力的概念与内涵

（一）创造力概念

创造力（creativity）一词源自拉丁语中的"creare"。在《韦氏词典》中，它被解释为：创造（creating），或者具备创造能力（able to create）；产生（productive），即"新的、前所未有的"；展现想象力、艺术或智力创新才能（having or showing imagination and artistic or intellectual invention）；激发想象力和创造力的动力（stimulating the imagination and inventive powers）。从词源上看，创造力的大意是在原先一无所有的情况下，创造出新的东西。"creativity"一词被翻译成中文为"创造力"，同时它还具有"创造""创造性"等含义。

在中国的文化语境中，"创造"在《词源》中的解释是由"创"和"造"两个字组成，"创"的主要意思是"破坏"和"开创"，"造"的主要含义是"建构"和"成为"。所以，"创"和"造"组合在一起，就是突破旧的事物、创建新的事物。在我国古代，创造意味着"变"与"通"。"一阖一辟谓之变，往来不穷谓之通"。[①] "阖""辟"指阴阳开合的变化，即乾坤、阴阳的闭合或张开叫作"变"；

---

① 任宪宝.周易[M].长春：吉林文史出版社，2016.

往来不断，变化无穷，叫作"通"。"通"是一种大变，是变与不变的统一，也是世间万事万物通过变而达到相互联系的结果。创造的理念在中国还体现为"苟日新，日日新，又日新"，意思是要天天除旧更新，不间断地更新。儒家的代表作《周易》也是创造、革新的集中体现，其中以"革""鼎"二卦尤为凸显，所谓"革故鼎新"即为创造。

在古代文明时期，人们普遍认为神是唯一的创造者，因此，所有的创造活动都来源于神。当时，那些从事创造活动的人被称为造物主，而普通人认为，自己没有创造的才能和能力。然而，从古代社会人类学会使用木柴取火、发明工具开始，到现代社会的经济改革、科技进步和社会变革，我们明白了创造的本质就在于人类的生产活动。创造是民族进步的灵魂，它推动着社会的发展，但创造的真正源泉和方式一直未被完全揭示。

随着19世纪后期实用主义心理学的兴起，关于创造力的研究成果开始逐渐引起科学界的关注。吉尔福德（Guilford，1987）（曾任美国心理学会主席）是从心理学角度进行创造力研究的开拓者。在智力结构模式研究方面，他提出了将发散思维作为创造力的核心要素，这种思维方式指的是全面且无限制地思考问题。发散思维具备三个关键特征：流畅性（在有限时间内产生大量解决问题的方法）、灵活性（将想法和材料转化为多种不同用途的能力）和独特性（创造与众不同的产品或思想的能力）。吉尔福德将这三个特征视为评估个人创造力的主要标准。基于吉尔福德的研究，托兰斯（E.Paul Torrance）编制了著名的托兰斯创造性思维测验，他根据"流畅性""灵活性""独特性"再加上"精细性"（制造细节或者延伸意念的能力）要素，提出了多种应用创造力解决问题的方法。托兰斯认为，创造性是一种"新型关系的产生"，一方面由于个体的独特性而成长，另一方面由于个体生存环境、人群、事件和材料而成长。

进入20世纪中期后，研究者们开始对创造性思维进行分析和描述，将创造的过程和创造性的产物纳入创造力定义的研究范畴，这标志着创造力研究的一个重要突破。曾有研究把创造过程与"问题的解决"（Problem-Solving）联系在一起。沃拉斯（Volas）发展出创造性思维过程模式的理论，这一模式包含四个步骤：第一，准备阶段——运用知识和个人天赋以及相关的分析能力定义问题；第二，酝酿阶段——一个人可以在解决问题时稍作停顿,但若是无意识地形成了一些联系,此人可能是有了新的想法;第三,阐明阶段——精妙思想会突然出现,即具有"灵光一闪"的特点;第四,验证阶段——在可能解决问题的方式"灵光一闪"后,个体会有意识地对它进行验证。阿玛拜尔(Amabile)根据这四个步骤形成了另一套关于创造过程模式的理论。她认为创造过程模式可以分为五个部分,包括问题或任务识别、准备,反应的传递,有效的反馈和沟通。最后,她提出了一个关于更深层次地解决问题的阶段。诸多研究结果表明创造活动促使人对问题、知识的缺陷或漏洞、人为的遗忘因素及一些不和谐因素逐步敏感,从而能够识别困难,寻找解决问题的方法。如果把创造力放置于一个问题解决的框架中会更好地被理解,因为创造的过程就类似于提出假设并加以验证,最终解决这些问题的过程。

关于创造性产品的特质,新颖性和有用性这两个原则在斯滕伯格和鲁巴特(Sternberg&Lubart)的研究中被凸显出来。斯滕伯格是美国心理学家,他的观点为,创造力是指个体具备提出或产生新颖且独特的工作成果的能力,并且这些成果能够适应特定需求并具有实用性。之前托兰斯的定义指出了新颖性,而后斯滕伯格又提出有用性的需要。阿玛拜尔和泰伊(Tay)的观点强调,创造性产品或反馈不应只是为了追求与众不同,而是需要具备恰当性、准确性、实用性的特点、价值性,或者能够清晰地传达创造性的内涵。

我国关于创造力的研究始于20世纪80年代。最早一批进行创造力研究的学者有林崇德、董奇、段继阳、甘自恒等。甘自恒提到过:"所谓创造,是主体综合各方面的信息,形成一定目标,进而控制或调节客体产生有社会价值的、前所未有的新成果的活动过程。"[1] 董奇提出了对创造力的定义,他认为,创造力是根据特定目的,在运用已知信息的基础上,产生出具有新颖、独特且具有社会或个人价值的产品的能力。这些产品可以通过不同的形式存在,可以是新的概念、设想、理论,也可以是新的技术、工艺或产品。[2] 董奇的定义对斯滕伯格有关创造力的理解进行了进一步扩展。傅世侠觉得,"主体的潜在创造力被某种活动所激发而从事创造的情境动机,并由此成为前创造力,进而则产生以创造产品形式为

---

[1] 甘自恒. 创造・创造力・创造学 [J]. 学术论坛, 1984 (3): 60-63.
[2] 董奇. 儿童创造力发展心理 [M]. 杭州: 浙江教育出版社, 1993.

标志的现实创造力"[①]。

伯纳德（Bernard）的最新研究谈到，创造力的基层结构以及可感知的影响仍然是"模糊的、难以捉摸的"，创造力被描述成一个"圆滑的"概念。由于创造力可以在人类活动的不同领域里采取众多形式，甚至基于学校背景，它的实现也会随着科目不同而变化，因此创造力的本质是多层面的、多形态的。

学者对"创造力"的定义众说纷纭，总的来说，主要聚焦在以下方面：创造性思维、创造性人格、创造性产品和创造力的水平。我们可以从这几个维度对"创造力"进行定义。①从产品的角度：创造力是一种能够产生新颖的、适切的、有社会或个人价值的产品的能力。②从个人的角度：创造力是指一个人拥有创造性的思维和创造型的个性特征。③从创造水平的角度：教育中所需的创造性是指日常的普通创造性，并非专业创造性及杰出人才的创造力。日常创造性表现在个体身上是一种能力，这种能力的呈现方式是其创造出的产品，而能够创造出这种产品的人，需要有创造性思维和创造型人格。本文的研究对象是中小学生，他们处于学习知识、积累经验的阶段，很难获得专业的创造性，主要获得日常创造性。

（二）音乐创造力的定义

几乎没有一个领域像音乐领域那样的神秘，谱曲、即兴创作、表演，甚至是欣赏过程的创造性。作曲家谈论创作作品时各执其词，表演家难以与他人分享创作过程，欣赏家仅靠内心去诠释与构建作品的意义。在这种情况下，对音乐创造力的研究受到了阻碍。

斯科特·沃森（Scott Watson）认为，创造力体现为一种具有想象的或原创的思维，特别是在艺术类的作品中常常出现。对于"原创的"含义的理解，沃森讲道，教育的目的是不同的，不都必须是原创的。在创作的早期阶段，许多创作者依赖于学习和模仿他人，这种行为仍然具有一定的价值和实用性。创造力在艺术类作品中尤为突出。为了培养学生的音乐创造力，应提供各种活动机会，如寻找主题、即兴创作、改编、表达个人想法、建立模式、接受来自老师和同龄人的反馈、与他人合作、重新演绎或表演已创作的作品等。总之，音乐创造力必须涵盖音乐创

[①] 简红江. 国外创造学发展比较研究[D]. 合肥：中国科学技术大学，2012.

作的行为（或结果），即创造出某些东西。

美国心理学家阿玛拜尔（Amabile）提出创造力的成分包含三方面：

与特定领域相关的技能（domain-relevant skills）、与创造力相关的过程（creativity-relevantprocesses）以及任务动机（task motivation）是音乐创造力的三个组成部分。具体而言，音乐创造力由以下要素构成：音乐技能；创造力技能，包括创造性思维和具备创造性特质的人格特征；完成当前音乐任务所需的动机和激情。

马佐拉（Guerino Mazzola）在他的著作《音乐创造力》中将音乐创造力定义为在音乐领域中创作具有新颖性和适切性的作品。这些作品可以是原创的、重新演绎的、录制和制作的新作品，也可以是对已有作品的新诠释和理解。音乐创造力还包括通过新的概念和启发对器乐曲目进行创新演绎，以及以不同的方式聆听和体验作品。

在《普通学校音乐教育学》这本书中，我国学者曹理对音乐创造力进行了如下界定："以发散思维为基础，对从事的音乐活动持有独特的见解并能用流畅的形式表现出来的能力"[1]，还提到："国外学者把创造性分为'特殊才能的创造性'和'自我实现的创造性'两种。前者是天才人物如科学家、发明者、艺术家等特殊人才的创造性，他们的创造活动，能给社会带来新的价值；而后者则是人人都可以具有的，虽然在社会上不一定能获得多高的评价，然而对其本人来说是创造了新的价值的创造活动。"[2]

根据阿玛拜尔的理论，音乐创造力可以被理解为涵盖普通创造力技能（创造性思维、创造型人格）、音乐领域技能和完成音乐任务的动机这三个要素。曹理认为，思维方式是音乐创造力的核心，它代表了一种自我实现的创造性，对个人来说具有极大的价值。相比之下，马佐拉从音乐作品的角度对音乐创造力进行定义，他强调将作品的新颖性和适切性作为衡量音乐创造力的标准。与此相似的是，沃森对音乐领域的创造性产品也提出了一定的标准，他强调，这些作品还必须是具有音乐性的。不难看出，这些对于"音乐创造力"的定义都是基于

---

[1] 曹理.普通学校音乐教育学［M］.上海：上海教育出版社，1993.
[2] 曹理.学科教育学大系：音乐学科教育学［M］.北京：首都师范大学出版社，2000.

对"创造力"概念的理解。

"音乐创造力"究竟该如何理解？音乐创造力是创造力在音乐领域的一系列具体体现。创造力与不同领域的结合，体现为隶属于该领域的创造能力。一个具有超强创造性思维的人，若热衷于音乐领域的创新行为，能够以坚忍的品格、善于冒险的精神、对新事物积极探索的个性，解决音乐中的新问题，不断创造出有创造性的音乐产品，那么，这个人就是富有音乐创造力的。如果一位建筑工作者，在建筑领域有新发现或新创作，可能会成为一名创造型的建筑家；若他在美术领域持之以恒，不断涌现创意，就有可能成为在美术领域有创造性贡献的人。因而，创造力与音乐创造力是"共性与个性"的关系。

根据上述观点，音乐创造力可以被理解为创造力在音乐领域的具体应用。它建立在创造性思维和创造型人格的基础上，是一种能够以新颖、独特和适切的方式表达音乐情感体验或创造音乐的能力。音乐创造力的实现需要满足以下三个条件：一是创造力必须在音乐领域中得以体现；二是创作者需要通过音乐创造行为（如即兴创作、创意表演、创意聆听）来实践，创作出具有创造性的作品，这些作品可以包括创编的旋律或节奏、对作品演绎的新方式、对旧作品的重新改编，以及对一首音乐作品进行新颖的诠释、理解、评论或分析；三是产品的特性对创作者是新颖、适切的。

二、创造学视域下的音乐创造力发展

（一）"创造力多因素论"与音乐创造力发展

斯滕伯格和鲁巴特提出了"创造力多因素理论"，这个理论指出个体的创造力发挥受到六个关键因素的影响：智能、知识、思维风格、人格、动机和环境。

智力与创造力之间有什么样的关系呢？对此，吉尔福德认为，创造力是智力的子集，是智力的一个维度。斯滕伯格主张智力是组成创造力的六种基本元素之一。他认为智力的三个方面是创造力的关键：综合能力、分析能力和实践能力。因此，智力是创造力发展的影响因素之一。

长久以来，在心理学领域，有关知识与创造力之间的张力存在着一种概念。

斯滕伯格指出，知识是一把双刃剑。一方面，了解某个领域已有的知识可以提升该领域的水平；另一方面，过多的知识可能使人趋向于保守，阻碍创造力的发展。通常人们认为，在某个领域创造出新东西的人必须具备该领域的知识，同时人们也普遍认为，太多经验会使人囿于常规思维，无法跳出固定的反应模式。因此，人们推测知识与创造力之间的关系呈现出一个倒"U"形曲线，即在知识程度适中时会出现最高水平的创造力。

在限制创造力发展的因素里，思维风格、动机等因素也非常关键。创造性思维风格是指个体更倾向于独立思考，采用新的方法来解决问题，而不仅仅是盲从他人观点。那些更倾向于这种思维风格的人通常具有挑战性的人格特质，能够坚定地追求目标，能够克服在创造力发挥过程中遇到的各种困难和障碍。动机又分为两种，一种是内部动机，一种是外部动机。阿玛拜尔提出了关于动机和影响创造力发挥的双歧（Two-pronged）假设："内部动机对创造力有利，而外部动机对创造力有害。"[1] 个体的内部动机使其关注事物的挑战性，从中获得愉悦感，外部动机主要与某种外在目标相关，如获得奖励、在竞争中获利或满足特定需求。过度追求外在动机可能会抑制创造力的充分发挥。在音乐创造过程中，我们不应仅仅追求功利目的，因为过度关注目标导向会限制音乐创造的新颖性和价值，使其无法超越个人的局限。

斯滕伯格的理论指出，音乐创造力的培养与多个因素密切相关，包括智力水平、音乐知识的积累、个体的思维风格、人格特征、动机水平和所处的环境条件。对于一个人来说，智力是相对恒定的，其他方面的动态性较强。因此，发展学生的音乐创造力需要注意以下几个方面：一是从增加学生的音乐知识入手；二是注重启发学生的音乐思维，尤其是发散性思维；三是由于性格特征在不同成长阶段不断变化，不要遏制学生创造音乐的热情与态度，要鼓励其勇于挑战与尝试冒险；四是促进学生产生音乐创造的动机，因为动机是最易受到影响的变量，其变化的幅度主要取决于学生做某件事情的热爱程度；五是环境本身大多是人为营造的，教学环境和课堂氛围都是要考虑的因素。

---
[1] 曾祥华. 创造力心理学社会方向研究新进展[J]. 科教导刊（上旬刊），2014（21）：227-228.

（二）"4P"理论与音乐创造力的发展

20世纪60年代，罗兹（Rhodes，1961）提出了"4P"理论（Four-PerspectiveModel），表明创造力研究可以从四个不同方面进行探索，包括创造过程、创造性产品、创造者以及创造力产生的环境。

第一个P（Process），即创造过程，是指创造力的全过程。一件富有创意的产品是如何从一个原始想法变成新颖的、有价值的最终实践结果的？虽然有些创造力经常是昙花一现的，但有些创造力可以转化为现实。

第二个P（Product），即创造性产品，也是创造的结果。它可以指任何东西——车的构想、数学证据、练习窍门、雕塑作品、一个不经意的笑话，以及本书中提到的音乐作品或者即兴创作等。创造力能够运用于任何我们能想到的领域，因此，任何有新意的和恰当的东西都可以被看成创造力发挥的结果。

第三个P（Person），即创造者，是指拥有创造力的人。这也是20世纪前三分之一时间大多数学术研究和理论的主要内容。每个人的创造能力不同，任何人都有可能是富有创造力的，大部分时间是富有创造力的。这依赖于创造力发生的背景和创造的产品被评估的背景，创造者必须懂得什么样的背景更有助于自己的创造取得成功。

第四个P（Place），即创造力产生的环境。什么样的环境更利于个体创造？一个人所处的环境，如他的家庭状况或者财富水平，对于他的创造潜力都有非常大的影响。当有机会进行探索、独立工作时，或者当所处的环境支持和鼓励原创时，创造力就更能蓬勃发展。

一些学者在音乐创造力的研究中应用了"4P"理论。科拉图斯（Kratus）是最早研究音乐创造力的学者之一。他从"创作者""创造过程""创造的产品"这几个方面对音乐创造力做了研究。"创作者"意味着什么样的学生可以用创造力的手段来进行音乐创作；"创造过程"指如何通过音乐创作、即兴创作和创造性表演来表达自己；"创造的产品"可以运用对音乐元素（韵律、节奏、音色、音乐起伏）的理解和对音乐原则（重复、发展、矛盾）的了解来构成。根据克拉图斯的观点，一个人是否具有创造性，与其作品的四个方面有关，即原创性、流畅性、灵活性和精细性。"原创性"指的是音乐的独特性;"流畅性"指的是提出乐思的数量;"灵活性"指的是发掘出许多不同类型的乐思;"精细性"指的是持续不断地发展这些乐思。

西肖尔(Carl E.Seashore)的研究集中于音乐创造过程。他研究的问题通常是:作曲家如何作曲?或者表演家如何表演?正如之前提及的那样,这些问题非常难回答,尤其在观察音乐家的主观体验时。西肖尔研读了取得重大成就的著名作曲家的传记、日记和信件,探究他们是如何进行音乐创作的。他发现莫扎特过去经常积极地获取与积累他所喜欢的乐思,然后那些或多或少的乐思就自发地形成一首完整的曲子。当然,西肖尔提出的问题比解决的问题要多得多,这仅仅描述了莫扎特在创作过程中的主观体验,还有更多的相关研究。对于音乐创造的过程,韦伯斯特(Webster)总结为四个步骤:准备阶段、酝酿阶段、阐述阶段和验证阶段。他认为,将一些创造性的音乐想法转变为一个音乐产品是一个相当复杂的过程。

希基(Hickey)和韦伯斯特认为创造的过程是人计划生产出创意性产品时的想法。他们认为,音乐教师应该帮助学生们提高创作出一个创意性产品的可能性。如果教师可以创造出一个让学生们不会畏惧创造失败的环境,在这种环境下学生的创造力将会得到培养,学生们会变得勇于尝试。

(三)创造学视域下的音乐创造力发展理论的启示

(1)在创造学视域下,关于音乐创造力发展的诸多理论大致勾勒了一幅音乐创造的图景。音乐创造是指创造者在利于创造发生的环境中,经过一番创造,获得创造性产品的过程。

(2)创造者创造力的发挥受到内、外部诸多因素的影响。外部因素主要指外部环境,创造力的发挥需要一个支持、鼓励创造的外部环境。内部因素主要指创造者自身的智力、知识、思维风格、人格特征和创造动机等。其中,智力是较为恒定的因素。其他因素具有较强的变动性,经过内、外作用力的引导,可以被逐步改善,如习得音乐知识,养成发散性和聚合性思维,培养勇于创新、敢于挑战的人格特征,形成开展音乐创造的动力。诸多具有变动性的因素通过教育,为培养学生的音乐创造力提供了可能。

（3）创造者的创造水平需要根据其作品的原创性、流畅性、灵活性和精细性的程度来判断。

（4）音乐创造过程是一个将音乐想法转变为音乐产品的复杂过程。这个过程包含准备、酝酿、阐述和验证四个步骤，但具体的创作过程仍是一个有待研究的领域。在音乐教育领域，培养学生的创造力需要让学生关注音乐创造的过程（如让学生了解音乐创造过程的特点、掌握音乐创造的原则与方法），弄清创造性音乐产品的类别，以及设置有针对性的培养方案与评估办法。

三、心理学视域下的音乐创造力发展

一个人的自我意识、心理品质、思维发展和音乐心理发展，在不同的年龄阶段均呈现不同的特点。作为教育者，若要更好地培养学生的音乐创造力，有必要了解不同年龄段的学生有关心理素质方面的群体差异。本书的研究对象是中小学生，着重结合中小学生的心理特点进行分析。

（一）自我意识与音乐创造力发展

中小学生所处的年龄阶段，是形成自我意识、心理品质的关键时期，这个阶段的孩子随着年龄的成长逐步认识自我、发现自我。在儿童的第一反抗期（学前期），自我发现的最初形式开始显现。儿童第一次用自己的意志对抗父母和兄弟姐妹，他发现了自己的意志力及其作用。他认识到他的"我"，即为实现自己的意愿、体现自己的作用和确立自己的意志表现的行为者。就这样，儿童在与成人的接触中逐渐认识自己的个性，意识到自我决定和自我表现的含义，"自我发现"开始被激发。9~10岁时，儿童才把自己当作思考和观察的对象，这时个人的体形和外貌是孩子们关注的重点，通过与其他同龄人的比较而认识自己的外表形象，并且注意到自己对其他人的影响。随着进入成熟期（女孩大约10岁半，男孩大约12岁），处于前青春期和青春期的儿童如果发现自己的精神世界和内心隐秘，便会出现关键性的内向转变。他们通过前所未有的丰富体验观察自己，认知自己的个性，承认自己的能力、禀赋和弱点，在探讨和接受自我的过程中，发现自己

的内心世界，逐步形成以世界观、人生观和价值观为特征的人格核心，这些将对一个人今后的行为起决定性的作用。到了中学阶段，孩子们通过其专长、能力和兴趣来发现自我，假如这些方面处于矛盾状态，就可能会引起自我危机感。埃利奥特（Elliot）希望通过教育使学生"自我成长、自我实现、自知自觉"，这是学生关注自己的内心、自我发现的一个过程。

因此，在中小学阶段，教师在实施教学的时候，引导儿童促进和充实自我，帮助他们获得一些自我实现的个性，是发展其创造力的前提，也会对创造力教学的发展起到意想不到的作用。如，鼓励学生克服自我危机、学会通过创造方法解决问题、不随意遵循他人的行为模式、不要把同龄人或权威奉为绝对标准，这些都是培养创造力的前提，也将使班级的集体创造力大大增强。

（二）想象、思维与音乐创造力发展

小学生的想象能力表现出明显的复制和模仿的倾向，在中学和高中阶段的学生中，这种倾向逐渐减少，取而代之的是他们对事物形象进行创造性改造的能力逐渐增强。在教授方式上，低年级学生的创造更多是基于模仿之上的，对高年级学生要给予他们更多自由表现的空间。

小学生的思维以具体形象思维为主要形式，到了中学阶段开始转化为以抽象思维为主要形式。对低龄的孩子进行乐理知识讲解时（如节奏时值、五线谱记谱、音程关系），必须结合形象的动作、音效和游戏来进行（如四分音符理解为"走"，八分音符理解为"跑"，十六分音符理解为"跳"），在游戏中边歌边舞，并配以肢体动作。如果教师仅靠语言讲述的话，孩子们很难接受与理解所学的内容。在中学生的思维活动中，自我意识或监控能力变得愈加明显，他们的音乐认知较小学生而言，已不能满足于那些单纯写实的、拟人的音乐作品。随着音乐理解与鉴赏能力的提高，他们的审美判断能力以及对作品风格、体裁、表现性等审美方面的知觉敏感性均得到了锻炼。

（三）心理学视域下音乐创造力发展理论的启示

（1）心理学视域下的理论研究，着重讨论影响创造力的其他几项内部因素，

如自我意识、想象力、思维、音乐心理等。音乐创造力的培养需要结合学生的这些心理因素开展。

（2）教师帮助学生获得自我实现的体验是发展学生创造力的前提，对创造力教学的发展也能起到意想不到的作用。教师应遵循学生想象力、思维发展、音乐心理的特点，采取不同的教学策略，或设定具有针对性的教学目标，有助于促进不同年龄阶段学生音乐创造力的发展。

（3）音乐创造力的培养需要结合各个年龄段学生的心理发展特点。心理学研究表明，音乐创造力发展水平在年龄这一维度上呈非直线性。小学四年级是学生创造力水平的"下降期"，需要教师因时制宜、灵活地调整授课方案。

第二节　我国中小学生音乐教材中的"创造"教学内容

我国中小学的音乐教学，最常使用人民音乐出版社、湖南文艺出版社和人民教育出版社发行的教材。课程改革后，这三家出版社均对教材进行了相应的改版或重编。就创造领域而言，人民音乐出版社的改革力度最大，它在教材的每一个单元中都专门设立了一项内容，即"编创与活动"。本书选择对人民音乐出版社出版的全套教材进行分析。

课改后，为了体现"创造"领域的教学内容，教材对单元内容进行了调整，每一个单元设置为三个板块：聆听、表演、编创与活动。其中的"编创与活动"板块，即是针对课标新添的"创造"内容设置的。作者通过对教材配套的《教科书教师用书》分析发现，整套教材对"培养学生的创造性思维、开发学生创造性潜能"的理念相当重视。改版后的《教科书教师用书》在对每一个单元教学目标的制定中，都对"创造"教学有所提及，以"强调音乐实践、鼓励音乐创造"，就其设置的教学环节而言，几乎每个单元都安排有与"创造"相关的活动。当然，这些内容的体现并非仅限于"编创与活动"板块，有些也体现在"表演"和"聆听"板块。

本书对在人民音乐出版社的全套教材中，体现创造理念的教学内容进行了归纳。通过分析与归纳，全套教材能够体现"创造"理念的具体内容包含：用打击乐器为歌曲伴奏、人声探索、即兴节奏、即兴旋律、即兴动作、即兴人物形象表演、创编节奏、创编旋律、创编动作、创编歌词、创编故事、创编声势、对旋律进行节奏改编、对某段主题进行变奏、加入打击乐伴奏和舞蹈的创意歌唱、融入情节和动作的音乐小品、为曲目创设结尾、围绕主题进行创作、创意聆听、创意表演。

这些设置活动，若按照课标中有关创造领域教学的三个内容划分（探索音响与音乐、即兴编创、创作实践）似乎有些难度。因为"即兴编创"本身就是两个词的叠加，除了"即兴"外，又叠加了"编创"，而"创作实践"的详细标准也反复使用了"编创"一词，与"即兴编创"的语义重叠，容易混淆。因此，本书为便于统计进行了如下划分：

探索音响与乐器：用打击乐器为歌曲伴奏、人声探索。

即兴：即兴节奏、即兴旋律、即兴动作、即兴人物形象表演。

创编：创编节奏、创编旋律、创编动作、创编歌词、创编故事、创编声势。

改编：对旋律进行节奏改编、对某段主题进行变换拍子。

综合性创造：加入打击乐伴奏和舞蹈的歌曲表演、融入情节和动作的音乐小品、为曲目创设结尾、围绕主题进行创作。

其他创造性活动：创意聆听、创意歌唱。

一、探索音响与乐器

此项活动大多被安排在反复听音乐的时候。教师启发学生用打击乐器为乐曲配伴奏，伴奏既可自行创编，也可即兴发挥。一年级学习的打击乐器有：木鱼、双响筒、三角铁、碰铃、铃鼓、响板。二年级学习的打击乐器有：沙球、串铃。二年级下学期以后不再有新的打击乐器教学，学生也可自制乐器进行伴奏音型的编配。此项活动出现的频率最高，贯穿始终。

二、即兴

音乐表演即兴，包括节奏的即兴、旋律的即兴、动作的即兴、人物形象的即兴。节奏即兴的形式有节奏传递、节奏接龙、节奏问答。旋律的即兴有旋律接龙（同学之间）和旋律问答（师生之间）。

动作即兴和人物形象即兴都是为了配合音乐，使乐曲的表演更生动、形象。即兴环节在全部教学内容中出现的数量最少。

三、创编

创编与"用打击乐配伴奏"一样，是所有活动中出现次数最多的活动，每一册都有，在低年级出现得最多。但在整个创编环节中，主要是创编动作，其次是创编歌词，其他创编活动（如旋律创编、节奏创编、声势创编等）出现的次数相对较少。

四、改编

改编在第 7~11 册教材中出现了几次，其他册教材中几乎没有。具体的改编形式为对某一主题旋律进行变奏或变节拍。

五、综合性创造

综合性创造是指在一个表演活动中融入多种创造形式。比如，在一首歌曲学习结束后，对其加入打击乐伴奏，或者创编的舞蹈动作，通过集体合作共同表演。

再如，通过小组合作为某首歌曲创设一个新颖的结尾，表演方式不限（如复听《快乐的小熊猫》时，激发学生的想象力，用乐器、人声、拍打动作为乐曲编创结尾），或者围绕某个既定主题进行音乐创作，可融入诗朗诵、绘画，演唱、动作、打击乐伴奏、人声等形式（如以大海为主题，让学生利用身边物品制造声响表现大海。按照早晨的大海和暴风雨中的大海这两个命题对学生进行分组）。教材还编写了一项综合性创造活动：为某歌曲创编"融入情节和动作的音乐小品"（如聆听《歌唱二小放牛郎》，按歌曲叙述的内容编创音乐小品），但未对活动要求进行详细说明。

六、其他创造活动

除了以上即兴、创编等典型的创造内容外，其他的教学形式也体现了创造性教学的活动安排,例如创意歌唱、创意聆听。创意聆听的表现形式多数为:在欣赏曲目时,启发学生画图形谱、线条或写短文,以加深学生对乐曲情绪的理解(如聆听《森林水车》的教学要求:不加任何引导,启发学生回答问题;不限制学生,让学生自由想象;创造性聆听,听音乐填画,不要求一致答案)。创意歌唱,是指在学生们对所学歌曲已经掌握之后,通过小组讨论,自己创设不同的形式表演歌曲。

教材中关于创造性活动的设置是比较全面的。为了能够让"创造"活动切实可行、易于学生接受,编者设计了很多有趣、生动的游戏及小活动,便于"创造"内容的教授。在教学要求中,编者们也反复强调不加任何引导、启发学生回答问题;不限制学生,让学生自由想象。毫无疑问,人民音乐出版社的此套教材,相较湖南文艺出版社和人民教育出版社的教材而言,更能体现"创造"教学理念、更加重视新课标中的"创造"领域。

通过梳理作者发现此套教材有以下特点:一是用打击乐器为歌曲配伴奏和创编动作出现的频率最高,关于节奏和旋律的创作活动安排得最少。二是教材中对于旋律和节奏的创编活动设置,整体难度较低,许多活动为"旋律填空""音名填格子""节奏选择"。三是从低年级到高年级教材中安排的创造活动,均未体现出难度上的递增(如创编旋律使用的音名数量,二年级出现用"七音"编创,三年级上册出现用"五声音阶",下册出现用"八音"编创,八年级上册出现"五声音阶"创编。再如,一年级中出现的即兴旋律活动,要求时长为4拍,在八年级中出现同类活动,其难度未变)。四是在各单元专门开设的"活动与创造"板块中,有些活动设计得与学生认知水平不符、很牵强,为创而创,失去音乐创造的意义。五是从六年级(11册)开始,"教材教师用书"(为每位音乐老师配备的音乐教材使用指导)的编写版式发生了变化。不再有详细的教法说明,仅提供教学内容的文本分析,关于创造活动的教学不再有明确要求。六是从七年级(13册)起,教材编写的指导思想似乎发生了变化,可能是基于音乐作品的难度加深,对于音乐知识的讲解篇幅大大增加,关于"创造"领域教学的内容大幅度减少。七是1~18套教材的编写应该分属于不同的编者(估计各编者对创造活动的理解各不相同),各编者在教材和教师用书中对同类型创造性活动的称呼不一致。八是各年级安排的创造活动比较随机,在内容一致性和连贯性上都有所欠缺。

第三节　中小学生音乐创造力培养的策略

一、将创造性思维能力培养重视起来

艾瑞提曾经讲过:"想在更大的范围内去促进创造力的发展,那么就应在童年期、青春期、青年期通过教育体系给予这方面更多的保证。"[1] 就他的说法而言,可以发现:创造存在于每一个角落,而教育则可以促进创造力的发展。但在教育理论和实践中,一讲到创新或创造,人们便潜意识里觉得发明创造是科研学者、研究专家或教授的专利,与自己无关,习惯地将其与天才、伟大的发明创造画等号。此种潜意识,严重压制挫伤了创造性思维能力的激发和发挥。创造并不是天才或专家的专利,每个人都有待发掘的创造力。创造力是人类大脑长期发展的产物,它随着人类大脑的存在而存在、进化而进化。因而,创造力是每个正常个体都应具有的潜在能力。面对"重共性压抑个性"等价值观及处世观念,我们要突破其束缚,树立求异、重个性或重创造性思维能力的理念。

二、打造创造性的教学环境

教学环境是培养小学生音乐创造力的外因之一。在音乐教学中,教师要尊重个性,鼓励学生积极参与创造活动,还应创设一种轻松、民主的教学氛围,以此来激发、感染、陶冶、启迪小学生的音乐创造力。

(一)尊重个性,鼓励参与创造

《新课标》在课程基本理念中提出尊重学生个性,鼓励学生积极参与各种音乐活动,以自己的方式表达情智。因此,教师在培养学生创造力教学上,要尊重每一个学生的学习速度、学习能力、兴趣爱好等,发挥每个学生的特点,积极引导学生主动参与音乐实践。要保护学生发散思维的火花,尊重学生音乐学习和体

---

[1] 崔景贵.创造性心理场域研究述要[J].现代教育科学,2004(7):14-16.

验的方式，发挥学生的主动性，要使学生敢于提出问题和发表与众不同的声音。音乐教师还可根据教学需求的不同来装扮及美化教室。教师可以改进以往班级中规规矩矩、横平竖直的座位排法，设计出更加具有艺术性和美感的座位排法，如圆形、三角形等；或者在墙壁上悬挂一些乐器的图片及音乐家的肖像、名言，在这样浓厚的氛围里以"润物细无声"的方法使小学生受到音乐的陶冶，在玩中学习，发挥音乐的功能——寓教于乐。

（二）营造自由、民主的教学氛围

倡导自由平等是陶行知先生的民主教学观念，此观念具体包含教育要全民化、大众化并服务于人民；教育要培养学生的创造力，只有创造力才能实现民主平等内容。陶行知先生认为："创造最重要的条件是民主，这表明民主是学生创造的先决条件。"[1] 民主的教学氛围可以激发小学生的创造精神，使其得到充分的施展。学生只有在一种民主的教学氛围中才会思维敏捷，敢于表达自己与众不同且富有个性的见解。因此，在进行音乐创造活动前，教师应为学生创设一个民主的环境氛围，让学生对创造不胆怯、不扭捏，为其大胆表现自我和最大限度地发挥想象力、创造力创设条件。当然，自由、民主的教学氛围不是绝对而是相对的。教师既不能不管学生，唱独角戏、退出舞台，完全地置身事外；也不能为了活跃课堂氛围而忽略学生习惯的养成。

三、在政策上提高音乐课程地位

国家多次出台有关艺术教育的政策文件，如将艺术素养纳入高考、中考，部分地区纳入小考，以及确保艺术课程总量不低于国家课程方案规定占总课时9%的下限。这对提高音乐课程的地位来说可能是个好消息。一方面，小学音乐课程可能会占有和"主科"课程同样的地位，音乐课的课时和"主科"课时的安排一样。音乐课会成为一门"必修课"，而不再是"兴趣课、放松课"。另一方面，一些学校领导充分认识到审美是实施素质教育、提高学生素质、促进学生真善美和谐发展的重要途径。以往"重智育、轻美育"的旧思想、音乐审美的核心地位浮于表

---

[1] 陶行知. 陶行知全集 [M]. 成都：四川教育出版社，2005.

面的情况将不复存在，音乐教育与审美教育更加完美、有机地融合在一起。

四、开展丰富的音乐课内外创造实践活动

（一）课内创造教学实践活动

中小学生"创造领域"可以划分为三个方面：一是探索音响与音乐；二是即兴编创；三是创作实践。结合这三个方面的内容开展音乐课内外创造实践活动，激发中小学生创造的兴趣，发展中小学生的创造思维，培养他们的创造力。

（二）课外校外创造实践活动

课外音乐创造实践活动是音乐创造实践活动的组成部分之一，它与课内音乐创造实践活动互相补充、互相促进。课外音乐创造实践活动的开展，可以加深巩固学生在课内音乐创造实践活动中所学的音乐"双基"知识，又可以让学生接触到在课内学习不到的音乐知识与技能，对扩大学生知识储备、充实学生精神世界、培养学生的探索意识和创造兴趣有着重要作用。

课外音乐活动有多种多样的形式与内容，开展音乐课外创造实践活动，应根据每个学生的兴趣爱好、音乐才能，选取适合小学生发展特征的形式和内容。

1. 合唱团（队）

童声合唱团、混声合唱团或者全校性的、年级、班级范围的合唱团等。

2. 兴趣小组

独唱、独奏组、指挥组、声乐组、乐器制作组、器乐组等。

3. 乐队

鼓号队、口琴队、节奏乐队组。

4. 舞蹈队

舞蹈表演队、基本功训练队、舞蹈普及性培训班等。

5. 综合类团队

戏曲、音乐剧、说唱等。

6. 音乐讲座

利用各种节日或活动举行专题讲座、系列讲座等。

除上述课外音乐创造活动形式和内容外，还可以利用当地音乐资源，包括青少年宫、音乐学校（院）等，开展校外的音乐创造实践活动，让学生在不同的课外活动中发展自己的爱好，进一步培养和提高学生的创造能力。

五、提升教师的创造力教学能力

联合国教科文组织极其重视创造教育和培养学生的创造精神，由此编写了《学会生存》一书。该书认为教育对创造精神有培养和压制的双重力量，教育主要由教师来实施，培养学生的创造力，需要具有创造能力的教师。教师应在课程中创造性地运用教学手段，结合学生的实际理解能力和知识水平，综合考虑多种因素，采用多样化的教学方法启发学生创造性思维。鼓励教师通过网络教育、函授、脱产等方法提高知识水平，使他们掌握专业的音乐知识与技能、完善专业素质、健全专业知识的储备、不断提高自己的创新能力和创新水平。音乐是一门具有极强专业性的课程，应当由具有专业知识结构的教师来进行课堂教学。针对部分小学教育师资队伍不健全、教学水平低的情况，要大力培养专门的音乐人才，配齐音乐、体育、美术等学科教师，开展规定课程，使小学音乐教育教学有专人负责，根据音乐教育新课程的总体要求，制订具体的工作计划，定期开展教学研究活动。

六、提高学生创作素养

（一）引导和培养创造意识

创造意识指在认识和反映客观世界时不墨守成规，而是常用创新好奇的眼光去认识世界。创造意识具有探究性、新奇性等个性特征。引导和培养创造意识就是要保持学生对音乐学习的探索欲，调动学生的自主能动性，进而激发学生创造的欲望和冲动，最终形成创造习惯。

对小学生创造意识的引导和培养，最重要的是重视他们在日常学习生活中所产生的新想法或新假设，而不是要求学生具有小发明、小发现、小制作的能力。因此，学生创造力的培养是形成具有新颖价值的心理意识，即培养学生的创造意识和创造能力。如果想要发挥学生的创造潜能，其中很重要的一点就是创造意识。因此，从小培养有创造意识、创造力欲望的人才，必须从培养小学生的创造意识入手。

（二）顺应和推动创造兴趣发展

儿童积极认识某种事物的倾向就是兴趣。兴趣的发展有三个阶段，第一个阶段是有趣；第二个阶段是乐趣，随着儿童身心的发展，这时的兴趣呈专一性、稳定性；第三个阶段是志趣。

"兴趣是最好的老师"，学习的效率和兴趣是成正比的。因此，教师要善于发现学生们感兴趣的事物或活动，找到音乐教学与学生感兴趣的事物或活动的契合点，通过各种教学方法激发学生对音乐学习的兴趣。当学生的身心处于愉悦状态时，他们的音乐学习兴趣就会从"要我学音乐"转变为"我要学音乐"。从"苦学"到"乐学"的转变，生动反映了音乐可以寓教于乐、寓教于趣。在创造教学中，教师可根据学生身心发展的规律，用丰富的教学内容来激发学生学习音乐的兴趣。

第五章　中小学生民族音乐文化传承能力的培养

本章重点放在中小学生民族音乐文化传承能力的培养上，其内容分别为中小学音乐课程的民族性概念界定、中小学开展民族音乐教学的意义、中小学民族音乐文化传承的教学实施策略、中小学民族音乐文化传承能力的培养路径。

第一节　中小学音乐课程的民族性概念界定

一、基本概念界定与理论依据

（一）基本概念界定

1. 民族音乐

民族音乐是一个民族在历史进程中创造的音乐形式的总称。以民族学的视角来探究民族音乐，可以更深入地理解音乐的功能，对民族音乐的作用有更清晰的认识。民族音乐的范畴包括传统音乐和新音乐，民间音乐是传统音乐中的一个子类别。传统音乐被进一步划分为民歌、歌舞音乐、说唱音乐、戏曲音乐和民族器乐，它们共同构成了丰富多样的民族音乐体系。

据中国百科大辞典编委会编纂的大辞典所述："民族音乐是指各民族的民间音乐与具有民族特色的专业、业余作者的音乐创作。中国民族音乐可分为声乐、器乐、说唱音乐、歌舞音乐、戏曲音乐等类。其中包括民间音乐、历代文人的音乐创作、宫廷音乐、宗教音乐及近现代的音乐创作等。"[1]

民族音乐是各民族在漫长的历史发展中所创造的、逐渐丰富的、具有本民族

---
[1] 中国百科大辞典编委会.中国百科大辞典[M].北京：华夏出版社，1990.

特色的音乐文化的总称。它主要可以划分为两个相互联系、相互区别的部分，即民间音乐和创作音乐。在各民族音乐中，民间音乐占据着重要的地位，是民族音乐的基石。中国拥有56个民族，由于历史、地理和生活习俗的差异，民族音乐呈现出极其丰富的形式。不同的音乐形式在风格上存在明显的差异，反映了各个民族的独特特点。民族音乐是民族文化的精华，是了解一个民族的重要途径，它凝聚了民族的情感和精神生活。民族音乐具有显著的地域和民族特色，我们可以从以下三个方面来说明其特点：首先，民族音乐承载着丰富的情感价值，能够表达人与人之间的情感并凝聚民族精神；其次，民族音乐记录了一个民族的文化历史，通过它可以追溯整个民族的发展历程和民族文化与文明的演进历程，也促进了民族间的文化交流；最后，民族音乐是民族交往的重要媒介，通过它可以促进各个民族之间的交流与合作，增进彼此间的情感交流，使民族音乐成为联系不同民族之间亲密感情的纽带，也是中华民族与世界各国人民交流的桥梁。

我国的民族音乐拥有源远流长的历史传统，它承载着先辈们的辛勤劳动和伟大业绩，生动反映了各个民族丰富多彩的文化和娱乐生活。民族音乐是中国各族人民共同的宝贵财富，研究民族音乐对创造社会主义音乐文化、建设精神文明具有十分重要的意义。

中国的56个民族创造了丰富多彩的民歌、戏曲、说唱、歌舞和民族器乐。它们的风格异彩纷呈，蓄积着鲜明的艺术特色，早已令世界音乐界瞩目，这也是我们取之不尽、用之不竭的艺术财富。中国民族音乐以其独特的艺术价值和审美特性，在意境、情感和虚拟表现等方面都展现出令人难忘的魅力。

目前，许多西方音乐家开始重新估量中国民族音乐的艺术价值，他们发现用一件民族乐器就能表现"意和情"，深深地打动观众。因此，一些西方音乐家对中国音乐进行了深入研究，这一现象被称为"中国音乐热"。中国的一些与音乐教育相关的工作者们，更是需要摆脱对中国民族音乐不热爱的状况，应该努力挖掘中国音乐的文化内涵，使之能够延续，守正创新发挥它的艺术价值。

民族音乐是最理想的教学素材，可以引导儿童学习音乐。学校音乐教育应以民族音乐为基础，培养学生对民族音乐的热爱和良好的音乐素养，通过学校音乐教育传承和弘扬民族音乐文化。为了正确认识中国民族音乐的审美价值，需要加强各方面的音乐教育。这需要从音乐教材内容的编写和各种音乐活动入手，坚持本民族文化的根基，弘扬民族精神，将体现中华民族音乐文化的优秀曲目纳入中小学音乐教材中。各地区也应将能够展现地方民族特色的音乐纳入乡土教材，培养学生从小就热爱民族音乐的良好习惯，激发学生对学习民族音乐的兴趣。

我国有着丰富多样的民族音乐种类，每一种都独具特色。为了推动民族音乐的发展和传承，我们需要正确认识课堂教学的重要性，创造一个良好的学习环境，培养人们对民族音乐的教育意识。如果想要培养和拥有更为优秀的民族音乐教师队伍，就应该对民族音乐的价值有一个正确的认知，从教师抓起，从学生抓起。学习民族音乐的热潮必将成为中国音乐的主流。

2. 音乐课程的民族性

一个民族在漫长的历史演变中创造了丰富多元的文化成果，这些独具特色的民族文化具有强烈的传承性，在民族内部以多种方式流传并不断演化。在这个过程中形成了独特的民族文化，对民族产生世代影响。民族文化和民族传统在课程中体现为课程的民族性，这种民族性从两个方面反映出来：一是民族文化，它指的是在特定地域内生活、具有共同语言、血缘或其他社会关系联系的群体所共有的文化；二是民族文化意识，即人们对民族文化问题、现象的认知和看法，它决定了人们对民族文化的态度和价值取向。课程的民族性体现了民族文化和民族文化意识的双重影响，它代表了一个民族在课程中的独特特征和共同观念的文化积累。

这些独特的民族文化具有显著的传承性，它们以多种形式在民族内部传承，并代代对民族产生影响，形成独特的民族文化传统。若一个民族无法对本民族文化产生认同，将难以建立起稳定的民族共同体，且民族文化的传承将遭受严重的影响。

中华文化作为我国的主要文化，得以保存至今，主要得益于以儒家思想为代表的影响力。对汉族而言，儒家意识承载着民族文化意识的核心。民族文化意识包括对民族文化的基本理解和评价，这些思想塑造了人们对民族文化的态度和价值取向。中国其他少数民族文化之所以能够传承至今，也源于其内在的精华对本民族文化的影响。不论是课程体系的改革，还是各学科内的课程结构整合，都应与我国民族文化传承的特点相协调、相适应。

民族音乐教育具有其独特性，不同于其他形式的教育。它既是一种教育，又是少数民族教育。与普通教育相比，民族音乐教育既存在共同之处，又有自身的特点。在历史上，由于不同民族之间的文化传承和交流，各民族在文化中形成了代表国家的共同文化群体。民族文化教育必须始终围绕民族特点展开，如果离开了民族特点，就失去了教育意义。面向新多元化时代，一体化教育已成为民族音乐教育的新使命和社会发展的必然趋势。我们应该将民族音乐教育与多元文化教育相结合，既不否定民族音乐文化，也不否定多元文化教育。因此，从多元文化教育的角度来看，民族音乐课程的民族性问题不可忽视。教育的民族特性必须贯彻到音乐课程中去，而音乐课程的民族特点正是实现民族教育使命的重要前提和保证。

总之，音乐课程与民族文化密切相关，它扮演着传递和发展民族文化的重要角色。通过音乐课程将民族文化传递给下一代，确保民族文化的传承和发扬。音乐课程会潜移默化地影响人们的审美观、个性特点、知识结构和行为方式。将音乐课程与民族文化融合，能够丰富民族文化的内涵。作为基础教育的重要组成部分，音乐课程本身就具有文化属性。人们生活在特定的民族文化背景中，民族文化是历史的积淀，影响着人们的行为方式和价值观。民族文化通过不同的途径和角度对音乐课程产生影响，而音乐课程是民族文化的重要承载者，包含了民族对世界的认知方式和思维方式。通过音乐课程，我们能够有效地感知和理解民族文化的内涵。

（二）音乐课程民族性的研究依据

1.人类学

"人类学试图依据人类的生物特征和文化特征综合地研究人，并且特别强调人类的差异性以及种族和文化的概念。"[1]人类学的起源可以追溯到古希腊。亚里士多德曾经说过："人是政治的动物。"这和当今人类学中的"人是符号的动

---

[1] 樊志辉.台湾新士林哲学论著辑要（下）[M].哈尔滨：黑龙江人民出版社，2015.

物""人是文化的动物"的思想是相同的。[①]东方的人类学资源也十分丰富,而且东方的文化发展也早于西方。达尔文进化论的创立使人类学具有真正的科学意义。进化论在人类历史上第一次阐明了人和文化的发展,又说明了自然选择如何在人的身体、智力、道德和社会的发展过程中能够起到作用。

据当代音乐人类学研究发现,世界各种音乐形式、传统均与当时、当地的文化传统密切相关。因此,音乐本身就是一种文化,对它的评价和体验都带有独特的文化特征。如,著名音乐人类学家约翰·布莱金(John Blacking)在南非进行实地考察后发现,当地人的音乐实践和评价与他所熟悉的西方音乐实践和评价截然不同,西方的音乐分析和评价标准显然是不能套用在这里的音乐上,反之亦然。因此,社会语境、文化对音乐的结构功能、音乐创造都具有重要的决定意义。在对音乐结构进行功能分析时,我们不能忽视其社会功能的结构。要全面理解在音乐中音与音之间的相互作用,我们需要考虑社会文化体系的结构和生物学的结构。如果忽略这些因素,那么我们只能将音乐视为一个封闭系统的一部分,无法对其进行充分的解释和理解。音乐创造性有以下两个不可分割的方面:一是考虑音乐本身,二是获得音乐的社会意义。这两个方面在很多社会中都存在。无论我们强调人类组织起来的音乐,还是音乐组织起来的人类;不论我们强调与他人相关的音乐体验,还是与音乐相关的共享体验,音乐的目的都是增强人类在社会生活中逐渐形成的某种体验的意义,或者加深人类与这种体验之间的紧密联系。通过以上观点就可以知道,不同社会文化的音乐所含的乐音意蕴和社会内涵必定是不相同或不完全相同的,如果一味地从西方音乐语境中的形式结构入手来分析、评价音乐并实施音乐教育,其中的不契合和荒谬也是很明显的。

音乐人类学对非西方音乐的研究越多,就越发现非西方音乐体系与西方音乐体系之间存在着巨大差异,而且非西方音乐体系中的各民族音乐体系之间也同样存在着很大差异。如,非洲哲学思想和音乐思想崇尚整体,他们在感知事物时从来不将自己从环境或同类中分离出来,认为"生命力"或"感知"是一个保持体验和思想统一的过程。对于非洲人而言,音乐是社会分享和社会参与的最有效象

---

① 贾雯.试论亚里士多德的政治思想——人是天生的政治动物[J].剑南文学:经典阅读,2013(10):120.

征。当我们将非洲音乐纳入音乐教育和研究中时，就需要摒弃基于西方传统的主体与客体、身体与思想二分法的模式，以及代表个人主义的模式。因为在非洲思想中，音乐脱离了其背景就失去了其本质，音乐不是独立的，它是可以被静静欣赏的客体，而且它的美学体验也不能在孤立的范围中以对事物的直接理解来描述。对于非洲表演者、合奏者或者潜在听众来说，音乐成为他们生活方式的一个方面。不但非洲音乐文化与西方音乐文化之间存在很大差异，东方音乐文化与西方音乐文化亦然。以阿拉伯音乐为例，它的调音体系并非常见的西方十二平均律，而是由半音、四分之三音、大全音、小全音和中立音组成，因而具有不同的调式，并有不同的音程排列。演奏者在演奏时，非常注重情调、心境因素和即兴演奏方式。在即兴演奏中，通过不同的结构因素而产生不同的效果，据此和听众进行交流，激发听众的神秘灵感。因此，阿拉伯音乐允许演奏者拥有较大的自由度，掌握不同的节奏和速度。

通过以上人类学对音乐文化差异的研究可以得出结论：对音乐进行分析和评价需要考虑到特定的语境。这是因为音乐的价值观具有复杂性、相对性和多样性。这不但对音乐教育哲学提出了挑战，也显示了多元化音乐教育的必要性，这是由文化的多样性和不断变迁等因素决定的。下面，本文将从人类学的视角分析人与音乐、环境与音乐、民族与音乐等方面的关系。

（1）音乐是人类行为手段。早期的音乐学科在人类学思想方面主要受进化论学派、文化传播学派和文化圈学派的影响。音乐所关心的是音乐作品本身，即音与音之间的纵横关系。对音乐的理解随着人对自己、对文化理解的改变而提高。渐渐地，人们会从一个更广泛的角度来思考音乐的本质，探究音乐是如何产生、传播和发挥作用的。

根据梅里亚姆（Meriam）的理论框架，音乐作为人类行为的研究对象，提出了人类天生具备音乐能力的观点。如果我们认同这一观点，并且这些音乐能力可以在儿童时期得到培养，那么我们应该以教育为核心，更加强调艺术体验和音乐实践的重要性。

瓦克斯曼（Waxman）认为音乐声音表现有以下四个方面：一是声音的特征，二是人对外来声音的反应，三是人对声音的选择和辨认，四是音乐行为与接受行为的关系。音乐是一个宽泛的概念，没有严格的界定。在这个问题上，巴桑基人把噪音和乐音区别开来了。他们认为，音乐总是与人类相关，不是人发出的声响就不是音乐；人的音乐所创造出来的声音是有组织的、有思想的；随便敲一下鼓并不是音乐，必须经过思考使用协调的方式击鼓才能够称之为音乐。巴桑基人指出了音乐是非机械的、由人生产出来的。

音乐是一种语言表达行为，也是一种社会行为。文化作为一个完整的习得行为，不同的文化根据其独特的观念和价值体系形成了独特的习得过程。对音乐音响的判断是按整个社会所接受的术语来进行的，音乐音响反馈了音乐所含有的概念。音乐习得的行为会被一代代地传递，有时也会在同代人之间传递。为了描述文化习得的过程和辨别其为更特定的社会习得，赫斯特维兹提出了"文化适应"和"文化熏陶"的术语。总之，习得的概念普遍与文化紧密联系，特别是在有变化和稳定问题的文化中。基于这种联系提出了以下四点：首先，婴儿在降生时便置身于人类构建的环境中；其次，系统化的文化促使适当的反应出现，其中相当一部分是通过试错的方式习得的；再次，文化的创造力和活力通过其产物得到加强；最后，通过适应文化的学习，文化获得了其稳定性。

（2）生态与民族文化建构。生物适应环境是生态学中的一条重要规律，生物与环境有着不可分割的内在联系。生物要在环境中生存，环境又要依附于生物而存在，环境作为先天条件，它对生物的生存形成一定的压力。生物要在这个环境中得到生存与发展，就必须通过各种方式主动去适应环境。

我国的56个民族分布在各个地区，在民族艺术之间有着千差万别，但是，它们全部依赖于自然环境生存，音乐是对自然的感悟、对生态的赞美。

辽阔的草原孕育了蒙古族人宽阔的胸襟和灿烂的草原文化；生活在东北大兴安岭的鄂伦春族，祖祖辈辈依靠狩猎生活，但是它们对动物又不失真诚的关爱；新疆地区凭借其独特的地域文化，养育了维吾尔族和哈萨克族等民族能歌善舞的特质。综上所述，每一个地域性的民族文化都与其特有的自然环境、人文环境有着密切的联系，自然环境是形成民族文化的重要基础和前提。一个民族的生态环境文化内涵是十分丰富的，它是由一个民族的物质文化、精神文化等诸多方面共同构成的，它与本地域的自然环境、人文地理相辅相成。一个地域的生态环境变化，必然会导致在这一地域生活的民族产生文化的变化。

自然环境是构成地域生态系统的重要组成部分，也是塑造特定人文生态的关键前提和基础。特定地域艺术的诞生、演进与这个地方的自然环境、人文因素息息相关。我国大量少数民族所处的地理位置都相对偏远闭塞，各民族文化的地域性特征十分鲜明。

蒙古族的长调民歌与蒙古族人民世代的游牧生活密不可分。蒙古长调所生存的基础环境在变化，如果我们不通过某种手段去保护和传承它，也许在未来的某一天，蒙古长调就会消失。

侗族人民生活在依山傍水、花团锦簇、鸟语虫鸣的自然环境中，他们崇尚群体生活，通过对自然的感悟，模仿自然界的不同声响。这些声响经过几百年来的传承发展，形成了今天享誉中外的侗族大歌。如今侗族大歌已被国家列入非物质文化遗产并得到保护。侗族大歌正是在特定的生态环境与地域环境中形成了审美意识，使侗族社会具有和睦、和谐、平衡发展的特征，它的教育功能特别鲜明。侗族文化、历史的传承和伦理道德教育在侗族的歌曲中得到了完美融合，成为侗族孩子们成长过程中不可或缺的一部分。侗族的歌曲是必修课，更是青年人学习和体验生活的重要途径。

朝鲜族以其出色的歌舞技艺闻名，他们擅长运用歌舞表达各种情感和对未来向往与期待。无论是大型活动还是小型集会，歌舞都是他们表达情感的重要方式。朝鲜族的歌舞包括人们生活的各个侧面，如表达爱情、赞颂生活、歌唱自然风光。朝鲜族舞蹈体现的是这个民族热爱生活、对生活充满希望的精神。

综上所述，生态环境与地域特点使各个民族在千百年的演变历史中，逐渐形成了自己独有的音乐文化，这种文化如果得不到良好的保护和传承，随着时代的前进、科技的进步，这些传统的音乐形式必然会走向衰亡。所以，越来越多的人意识到了学校是传播文化的重要载体，需要通过学校这一有效途径来传承和发展民族音乐。据了解，许多高校和中小学都把民族音乐作为教学手段纳入课程计划中。福建泉州师范学院把福建南音作为一个专业列入课程计划中；新疆艺术学院在1996年就确定了音乐表演专业木卡姆表演方向；广西三江侗族自治县富禄乡高安小学从1999年开始组织侗歌进课堂活动，并聘请寨里的教师教学生侗族大歌和童谣等。这些都是一种文化衍生建构的过程。

（3）民族音乐与民族精神。一个民族在历史上所创造的音乐被称为民族音乐。从民族学的角度来看，研究民族音乐可以让我们更深入地认识音乐的功能，对民族音乐的作用有更清晰的认识。各个民族在漫长的历史发展中创造并逐渐丰富的、带有本民族特色的音乐文化被统称为民族音乐。在我们这个多民族的国家中，由于各个民族的历史、地理和生活习俗的差异，我国的民族音乐呈现出多样的体裁和形式。不同的音乐体裁和形式，因为民族、地区、流派等的差异，在风格上也呈现出明显的差异。这些差异反映了各个民族的独特特点。民族音乐是一个民族文化的凝练体现，它是了解一个民族的途径之一，也是民族文化和民族情感的积淀。民族音乐所展现的是一个民族的精神生活。精神是人们对物质世界的观念把握，是意识、思维活动和自觉的心理状态的表现，包括情绪、意志等方面。民族精神以民族的生存和发展等客观条件为基础，由民族群体共同创造，并与其他自然存在物有所区别，历史性地凝聚成民族群体稳定的生存方式。它反映了民族主观精神与民族客观基础之间的关系，是民族成员内在思维和外在行为模式的体现。

每个民族都拥有独特的特质和精神，才能形成民族意识和观念，增强民族自信，不断地创造文化。人类文化的发展和延续依赖于各个民族精神活动的聚集和积累。因此，习俗、礼教、道德、信仰、语言、文学、歌谣等文化，表达了各个民族固有的特质和精神。民族的生命基础建立在民族文化之上，又受到推动民族文化发展的内在动力的影响。我们相信，民族文化是民族生命的外在表现，民族精神是民族生命的内涵。拥有民族文化才能扩大民族力量、巩固民族基础；拥有民族精神才能充实民族文化，维系其延续并促进民族的生命力发展。然而，民族精神是一种自然而潜藏的力量，它是民族内心深处的表达。民族精神深深地根植于民族的内心，推动着民族文化的不断进步，确保了民族特质的历史延续。

我们在培养和坚定自己民族精神的同时，要避免狭隘和自大的民族心理，它会使我们变得傲慢，会将民族自豪感引向极端畸形的发展方向。我们应该主动发展自身，通过充实和推动民族文化来实现这一目标。所以说，民族文化教育和传承民族音乐文化对于民族的繁荣和进步是必不可少的，是国家稳定的基石。

2. 社会学

音乐与社会之间存在着相互影响的双向关系。音乐作品的形式、内容和风格的形成，受到特定社会时代和社会条件的限制和影响。音乐是社会的产物，也是对社会生活的反映。它作用于社会，能够对人的情感状态产生影响；而人的情感状态将制约着人对社会的态度、在社会中的行为和社会关系。

（1）音乐内容复制社会行为。在中国的民族音乐中存在着源远流长的民歌。民歌经历了无数代人口耳相传，每一代的传承都会让民歌内容或形式有变化。在中国劳动人民追求精神生活的背景下，民歌处于不断发展的运动状态中。音乐在社会中的运动并非独立音乐形式的运动，而是在社会的作用下形成的历史现象。作曲家通过对社会生活的感悟形成了他们的音乐构思和写作；歌唱家或演奏家通过二度创作再现作曲家的音乐作品。音乐伴随着人类社会的发展出现了两千多年，在社会运动过程中充分表现出对社会的作用。音乐不仅对社会听众产生影响，而且在社会行为中扮演着复制的角色。音乐对横向运动链条上每个环节的个体产生作用。音乐的社会综合运动表现在其内容、形式、体裁、风格等方面。音乐形态在横向运动中通过数量的积累产生质的变化。音乐的综合运动是在对音乐社会纵横向运动的认识基础上，进一步深化对音乐社会纵向运动的认知。

（2）音乐文化的民族差异。民族和文化相辅相成，一个民族的生存和发展是文化传承的基础和保证。民族文化既是民族情感和民族意识的沉淀，又是民族精神和价值取向的结合。在人类几千年的文明发展中，民族文化的传承大多是采用口耳相传的方式。人们通过多种途径，如口授史诗、传说、礼仪及祭祀等逐渐把民族文化保存了下来。由于民族文化伴随着丰富的情感性和强烈的运动性，并且其传承采取了直接的、面对面的形式，所以民族文化一旦形成，就会印刻在有关传承者的脑海中，不会被人轻易地忘却。但是，对民族文化的记忆大多依赖于生活的环境，因而民族文化记忆的传承速度是非常有限的。

音乐文化是能代表一个民族的本质特征，能反映出各个民族特点并可以直接体验与交流的一种文化。我国有56个民族，每个民族都因其所处的环境而形成了本民族特有的音乐、语言和生活方式等民族文化。音乐教育者要通过音乐这一载体，把少数民族所特有的民族文化知识传递给学生。满族歌谣、侗族大歌、黎族跳竹竿、苗族芦笙、蒙古族安代舞蹈等，都是少数民族人们沟通、抒发情感的一种表现形式。要通过音乐课程来传递各个民族的文化并展现在学生面前；要通过音乐课程学习，使学生体验到各个民族独特的文化。如，侗族大歌作为一种民族文化存在，它向世人展现的是侗族人的热情好客，用歌声作为媒介来抒发自己的情感、赞美家乡、吸引异性等，体现了侗族大歌鲜明的社交功能。再如，黎族的跳竹竿，人们借助音乐、鼓的伴奏使舞蹈者跳跃其中，这是一项娱己又娱人的、黎族特有的民族文化活动。音乐课程的目的是把这些具有特色的民族文化用音乐的方式展现在学生面前，使他们对民族文化有所认知，达到文化传承发展的目的。

3. 文化学

如果我们将世界音乐文化作为一个整体来看，它表现出更加多样和复杂的特点。在当代，世界音乐文化呈现出了两个显著趋势：一是欧洲音乐中心的主导地位逐渐消散；二是各国民族音乐得到了更多的关注，在课程中得到更多的呈现。新兴的音乐体裁和风格层出不穷、渴望获得认可，不同文化之间的音乐交流日益频繁。音乐文化的多元性是不可否认的，不同元素的融合催生出全新的艺术形式和风格。

现代音乐教育正处于文化变迁的时代，这意味着音乐教育经历了许多明显的改变。世界各地的音乐被引入音乐课堂，教师开始邀请社会上的音乐家进入学校，以扩宽学生对音乐文化的视野。教育环境和学生个体都不是静止的。学生来自不同阶层、不同家庭环境，具有不同的文化背景，其年龄和个性各异。因此，音乐教育必须全面考虑这些因素。统一的标准无法要求所有学生，而应根据每个学生的状况，包括他们的生活经历和经验，实施最佳的教育方法。

青少年作为学校教育的主体，他们所喜欢的音乐类型已经远远不局限于西方古典音乐。1984年，古典音乐协会，针对6~10年级的学生做的一次调查表明，绝大部分的学生认为古典音乐乐音单调，适合年老而富有的人；柔软、缓慢、轻松的音乐，适合出现在医院和牙科诊所。因而，音乐教育应当关注学生的兴趣和展现出的多样特点，持有一种多元主义的观点。多元主义最核心的理念是解释艺术实践和语境的多样性、复杂性。

音乐教育存在于目前的社会文化、音乐文化中。如果要很好地适应并反映文化发展的现状，就必须意识到，学生并非作为音乐的消费者存在，而应该作为音乐的创作者和意义阐释者。音乐教育的课程设置也应该有所改变。教育的培养目标不是要把所有的学生都培养成音乐家，是培养所有人对音乐持久的热爱和兴趣，无论学生在走出校门后是否从事音乐的相关职业。从这个意义上说，培养学生能够将音乐作为业余爱好也是值得音乐教育追求的一个目标。音乐教育的目标不仅仅是培养技能，而是注重培养个体一生的发展。因为音乐作为文化的一部分，音乐教育的责任不仅在于教授音乐本身，还承担着传承音乐文化的重要任务。因此，教育的方法和途径也应改变。

在音乐教育中，还应该培养学生的批判反思精神。如何让学生在音乐学习和实践中形成自己的思想是音乐教育面临的一大课题。学生应该具备独立思考的能力，无论是对于不同的音乐风格还是其他事物，都需要运用自己的智力和思维。音乐教育要训练学生批判性思维的发展，让学生拥有自己的判断，能够表达自我。总之，多元的音乐文化和音乐教育现状，是当代音乐教育所处的事实，如何更好地从理论和实践上作出恰当的回应，是音乐教育哲学必须关注的课题。

（1）音乐课程与民族文化生成。音乐在文化中扮演着重要角色，首要任务是传承古今音乐文化，特别是中华民族优秀传统音乐文化。如今，传承民族音乐文化已经成为全球教育改革的主要趋势。各国和各民族都在寻求利用本民族的音乐文化资源来实现生存和促进发展，因为民族文化已经成为培养学生素质的重要组成部分。

音乐作为文化现象，在当今信息社会和后工业社会，其传播方式都发生了很大变化。因为，人的音乐教育是一种社会化过程。音乐教育在课程中考虑音乐文化传承与延续问题时，应同时考虑文化与音乐结合的丰富性和多样性，避免音乐课程只限于课程文本的现象。

民族音乐作为一种民间艺术，通常与特定的民俗活动密切相关，承载着民族风情，满足了历史和环境的需求。然而，在现代化发展的进程中，生存空间和环境条件发生了巨大变化，迫使民俗活动作出相应调整以适应新的需求。因此，民间音乐也随之发生变化。随着现代化的进程，音乐民俗的功能被逐渐淡化，民族音乐也在适应新的环境条件不断演变和创新。这种变化、生长是传承与发展的过程，是民族音乐素材变异之始。音乐课程是教育思想的集中体现，是培养人才的预想蓝图，是学校的基本要求和实现目标的重要途径。课程是教育改革的核心和主要依据。课程思想源远流长，制约课程价值、课程实施、教学方式等，但其内涵和视角从学科、目标和计划、经验等方面考虑，更多地关注学习者的经验和体验，开发学科资源，整合学科知识；强调过程，使教学过程中偶然性和非预期性因素，成为引导、促进的有利参考因素；强调课程的动态情境，使课程具有一种建构内容的生长性意义。

（2）音乐课程活化民族音乐文化。通过音乐教学要素和基本形态，音乐课程内容以多种形式呈现，如歌曲演唱、音乐鉴赏、形体与表演，活跃民族音乐文化的内涵、思想和追求。所以说，音乐课程具有培养人文主义美育、德育的功能。音乐作为一门艺术，融合了听觉、时间和表演的元素，它承载和展现了人类的精神观念和情感力量。因此，音乐具有激励和激发人们精神与情感的能力，这是音乐特殊性质的独特作用所在。音乐课程也是审美教育的重要工具。通过现代音乐课程的学习，可以培养学生对美的感知和体验能力，有助于他们建立正确的审美观念、审美意识和审美情趣，培养对音乐美的感受力、理解力、创造力、表现力和鉴赏能力。

音乐文化的核心问题在于民族精神，它涉及一个民族的生存、繁荣和发展。每个民族都有内在的凝聚力和推动力以及无形的精神支柱，即民族的灵魂。这是保持一个民族独特性的重要因素，否则该民族将面临被异族同化的风险。人文文化是一个民族历史发展的产物，它代表着民族的传统，展现了民族固有的个性特征。

音乐有将理性事实转化为感性事实的能力，它蕴含的思想和道德内涵能够让学生在审美上有所感受、心灵得以净化，能提高学生的道德情操，完善内在人格，达到更高的思想境界。因此，音乐课程在德育方面发挥着重要作用。音乐作为人类文化传承的重要媒介，承载着珍贵的文化遗产和智慧成果。通过学习中国民族音乐，学生能了解和热爱祖国的音乐文化，能感受华夏民族音乐传播带来的强大凝聚力，从而培养他们的爱国主义情感。通过学习其他国家和民族的音乐文化，学生能开阔审美视野，对世界各民族音乐文化的丰富性和多彩性有一个充分的认识，让他们感受不一样的文化，增进对各民族音乐文化的理解、尊重和热爱。

音乐在承载民族文化方面具有重要作用，它在音乐课程中传递着我国各民族的杰出音乐作品和世界各国的经典之作。通过学习民族音乐，学生能够深入了解民族文化，实现文化传承的教育目标。音乐作为民族文化的载体，为学生提供了一个更加深入和全面了解自己民族文化的机会，促进了民族文化的传承与发展。

音乐课程涵盖了丰富的合唱、齐唱、合奏、重唱和歌舞表演等群体活动，这些活动需要学生之间的密切配合和团队精神。活动中，音乐充当了连接人与人的纽带，对培养学生的团结协作精神和促进人际交流能力起到了积极的作用。音乐课程为学生提供了一个平台，让他们在协作的氛围中相互交流合作，体验社会化交往的愉悦，培养积极正确的社会文化意识。

4. 教育学

（1）教育社会化的独特功能。教育的人类学命题以马克思主义关于人的全面发展观为价值基础，其核心是人的身心全面发展。这意味着教育的目标是激发和发挥每个人内在的自然潜力，因为每个人都具有独特的潜能。全面发展旨在实现个体的整体成长和自我实现，使其在各个方面得到充分发展。

马克思主义人学理论认为，人的发展是由社会经济和生产实践所决定的，这是通过对社会分工的历史研究而得出的科学结论。马克思认为，人的本质是社会关系的综合体，人的发展是建立在特定的社会历史条件下的，特别是依赖于社会的物质生活条件。然而，人的本质力量和社会关系的解放，是对人的发展最重要的决定因素。因此，马克思主义人学理论强调了人的发展与社会经济条件和社会关系的密切关联。为了实现人的全面和自由发展目标，必须消除阶级差异和"奴隶制"式的分工。只有在物质文明和精神文明高度发达的共产主义社会条件下，这一目标才能实现。因此，马克思主义人学理论将影响人全面发展的根本和决定性因素，从众多复杂因素中剥离出来，使我们能够正确认识人类发展的客观规律。在明确人类生产活动是最基本的实践后，马克思指出，人的生产劳动是一种社会性的生产，它不仅仅对人与自然的关系产生着改变，同时还改变了人与人之间的社会关系。人类建立了与社会生产条件相适应的所有制形式和经济基础，在这一经济基础上，形成了政治、法律、哲学、美学、艺术、伦理等意识形态和上层建筑。这些意识形态和上层建筑会随着经济基础的变革而发生相应的变化。马克思主义学说的实践观强调了充分肯定社会实践的重要性，特别是肯定生产劳动作为最基本的社会实践，对上层建筑和意识形态的影响。在这一前提下，也要认识到意识形态各个部分之间的相互影响会对经济基础产生反作用。恩格斯指出，政治、法律、哲学、宗教、文学、艺术等的发展以经济发展为基础，但它们之间同时也在不断地相互产生影响并对经济基础产生一定的反作用。

所以说，基于马克思的教育社会学理论，将社会生产劳动实践作为前提，强调人的社会活动实践的重要性。相较于狄德罗、黑格尔、费尔巴哈、车尔尼雪夫斯基等的社会实践观，马克思的理论弥补了其根本性缺陷，即摆脱了唯心主义的束缚，对教育与社会实践、经济基础和其他意识形态之间的关系加以解释。从实践的角度看，马克思承认社会实践活动对社会发展的重要作用。他指出，任何自然力都应该受到社会管理，以满足经济活动的根本利益，并通过人类艺术的广泛运用对其进行掌握，这在工业历史上起着决定性的作用。他进一步明确指出，艺术只是生产的一种特殊形式，服从于生产的一般规律。

以马克思人学理论教育社会化实践观为基础的音乐审美教育，在追求人生活质量提升的使命中，充分展示了教育社会化实践活动对社会发展的重要教育学意义，这是一项不可推卸的责任。

（2）音乐教育与民族精神。民族是一个历史范畴，是人们在长期的生活与生产过程中逐步形成与稳定的社会统一体，是有自身群体特征如宗教、血统、语言、风俗等的集体。

当今世界有几千个民族，各民族在保持各自文化独立性的同时相互沟通、共同发展。在音乐领域，这一点得到了充分体现。民间音乐在各个民族的音乐传统中扮演着重要的角色，它是民族音乐的基石。中国有56个民族，由于各民族的历史、地理和生活习俗的差异，我国的民族音乐呈现出丰富多样的体裁形式。不同民族、地区和流派的音乐在风格上存在明显的差异，这些差异生动地展示了各个民族的独特特点。

教育具有选择性地传承文化的重要功能，其功能之一是通过音乐课程来选择和加工我们的民族文化。我们将音乐课程与文化中最有价值的部分联系起来，关注不同地区和不同民族文化中共同的文化内容和特征。音乐的产生和发展并非毫无原因，它与特定的文化语境密切相关。因此，我们要将音乐课程作为有效的工具，通过音乐的力量去润饰和引导学生正确对待民族文化，使他们不受全球化大环境的吸引，能够全力以赴地传承我们宝贵的民族文化。

源远流长的民族音乐，记录着先辈们的劳动业绩，反映了我国各民族丰富多彩的文娱生活。丰富多彩的民族音乐是我国各族人民的共同财富，研究民族音乐对创造社会主义音乐文化、建设精神文明具有十分重要的意义。

（三）音乐课程民族性的价值分析

每一个民族都有各自的生存环境和与其相适应的生活方式，作为各民族人民审美产生的重要基础，这些因素都有其特定的规律性、规定性和继承性。无论是游牧民族还是狩猎民族，都在各自的生活中形成了各自独特的音乐审美心理。这种审美心理也是社会长期大战的历史积淀物，形成了民族音乐相对稳定的特性。这种稳定性在民族成员之间形成了持久和深远的内在支配力，随着时代的变迁和民族之间的交往，其渗透的程度加深。各民族音乐审美机构都不能表现为一成不变、停滞不前的固定模式，总是处在不断变化和发展中，这种辩证统一还成了民族音乐审美心理结构发展的基本规律和精神价值。

1. 精神价值

在民族音乐审美心理中，"审美意识作为'高高悬浮在空中'的上层建筑，它并不随着经济基础的变更而马上变革，以致泯灭"[1]。这种价值在历史长河的悠悠岁月中以稳定的状态世代相传，延绵不断。

有的民族音乐滋生发展，有的却消失了。这种长期的发展运动包含着无数次的短期纵向运动积累。如，在中国民间音乐现象中，某民歌从历史上流传下来。这首民歌已经经历了几百甚至上千年的传承，代代相传，民歌的内容和形式随着时间的推移而不断变化。在中国劳动人民对精神生活追求的驱动下，民歌一直处于充满动力的发展过程中。音乐的社会传承并非仅仅是孤立的音乐形式的演变，

---

[1] 梁一儒. 民族审美心理学概论 [M]. 西宁：青海人民出版社，1994.

而是在社会动力的影响下形成的历史现象。作曲家受到社会创作冲动的影响，创造出独特的音乐构思并进行作曲；歌唱家或演奏家以艺术化的方式，再现作曲家所构想的富有创造性的音乐语言。音乐作品伴随着人类社会经济的发展而悄然出现了两千多年，它不以人的意志为转移地占领了音乐体裁领域的支配地位。

2. 文化价值

各个民族都将音乐历史视为最宝贵的文化财富之一。音乐以其独特的表达方式深入人心，激发人们的情感。通过特定的声音变化和情感起伏的复杂对应关系，音乐将人类的情感转化为节奏、旋律、和声、丰富多样的音色和各种音乐技术。通过流畅的演唱和演奏，音乐触动听众的内心，唤起愉悦的情绪，引发共鸣。音乐是民族情感的纽带，也是文化意志的核心。一个民族音乐所承载的情感和精神代表着该民族的灵魂和思想，是智慧的源泉。

对于音乐的发展来说，关注其民族性和多元性是不可或缺的动力。民族性是中小学音乐课程改革中的一个重要方面。音乐课程的民族性和多元性是中小学音乐课程改革发展的核心，也是体现该学科属性的具体表现。只有兼顾民族性和多元性，才能使中小学音乐课程持续发展并符合正常的发展轨道。

3. 审美价值

民族音乐教学是聆听音乐、表现音乐和创作音乐的审美活动。在民族音乐教学中，学生有机会充分感受到音乐中蕴含的丰富情感，他们会被音乐所展现的境界吸引，深陷其中并与之产生共鸣。这种体验不仅使音乐发挥出独特的功能，也对学生的审美情趣和生活态度产生积极的影响，能够树立起学生们的正确审美观念。民族音乐的旋律动听、节奏活泼轻快，这些基本要素都是学生听到的民族音乐后最直接的感受。如，内蒙古悠扬的长、短调，西部音乐的高亢嘹亮，新疆音乐独特的切分附点节奏，江南音乐的清新典雅等。这些都在不同程度上凝聚了我国几千年来的音乐文化精髓，所以，我们应该让学生对我国的民族音乐有所熟悉，能够感受它的魅力所在，从小培养学生的音乐审美观，发挥音乐的审美作用。

学生通过聆听音乐作品，能够直观地感受到音乐带来的美妙感受，通过对作品的分析，他们将逐渐认识到作品所蕴含的另一种美——意境。在欣赏音乐过程中，学生不仅能够欣赏到乐曲优美的旋律，还能够通过了解作品的创作背景和情境，深入分析作品所反映的现实社会生活。我们的目标是引导学生从正确的角度欣赏音乐，提升他们的审美层次，让他们深刻感受民族艺术的伟大意义，培养他们正确的世界观、人生观、价值观、审美观。通过学习民族音乐，学生能够充分享受到美的愉悦，培养出正确的审美观念，使他们能够真正欣赏和理解民族音乐所传递的情感与文化内涵。

在基础音乐的教育中，学生通过对民族音乐的学习，有助于培养自己的爱国主义情怀，能够增强自己的自尊心。在我国的音乐发展史上，民族音乐有着重要的位置。在特殊的历史时期，"学堂乐歌"的产生和发展，对我国的革命事业产生了重大的推动作用。音乐是富有激情的，它能够作用于人的情感世界，引起人们的共鸣。民族音乐是最富有生命力的，它凝聚了一个民族发展的艰辛历程。在基础音乐教育中弘扬民族音乐，可以让学生们深入了解祖国丰富多样的民族文化，能够培养他们对民族的自豪感和自信心，激发他们产生为建设伟大祖国而努力学习的愿望。这种教育方式能够充分体现民族音乐在基础教育中的重要价值。

中小学教育中的道德修养具有重要意义，它是一种特殊的社会意识形态，随着人类历史的演进而不断发展。道德修养存在于人们内心的信念和力量中，有助于调整人际关系和社会行为规范。通过欣赏和学习具有代表性的民族音乐作品，学生能够感受作品所传递的强烈情感，还能够培养正确的道德观念，让中华民族优秀的道德品质在学生心中扎根。

民族音乐是中华民族伟大精神的凝聚体，是我国宝贵的艺术财富。在基础教育中，我们应该将民族音乐所传递的精神价值深植于学生们的内心，培养他们正确的审美观、道德观和价值观。正是这些观念的引领，使得民族音乐能够与中华民族一同成长并蓬勃发展。

民族音乐不是纯粹的艺术形式，它是文化的一部分，民族音乐具有传承和发展的价值。它的本质决定了它是一种音乐现象，反映了不同时代、地区或民族在政治、经济、自然环境、生活习惯、民俗风情和美学思想等方面的紧密联系。因此，要真正学好民族音乐，我们不能将其视为孤立的音乐现象，将其置于该民族的人文环境中，结合该民族的文化背景进行认知和思考。地域民俗文化的差异是民间音乐风格差异的实质，正是这些差异构成了丰富多样的民间音乐。民间音乐在地域民俗文化中扮演着重要的角色，它是传播宗教文化和图腾文化的重要媒介之一。民族音乐是一种艺术形式，体现了独特的民族文化风格。民间音乐的产生、发展和变异，是在特定历史背景下逐渐形成的，这个过程保留了不同历史时期和文化背景的痕迹。通过欣赏和演奏民间音乐，人们可以感受到历史时代的文化魅力。民间音乐具有传统性、现代性，它的音调仍然能够传递时代精神和展现文化氛围。

二、促进中小学音乐课程民族性发展的对策

我国民族音乐课程有着十分丰厚的资源，包括自然、社会的层面，涵盖显性资源和隐形资源。民族音乐资源有多方面的教育价值，包括人文价值、科学价值、德育价值、美育价值。民族音乐可以在这些音乐文化资源的基础上因地制宜地发展。大部分音乐资源并不是可以直接被音乐课程利用。音乐课程资源对音乐课程而言是一座矿山而非一座粮仓，粮仓可以被直接拿取，而矿山需要开采与挖掘。以专业的课程建设为基础，对民族音乐资源进行合理的开发和利用是一项重要的议题。因此，要深刻地分析民族文化资源的价值属性，做到选择的精心化、设计的系统化，在具体实施的过程中要认真务实，才能做到使音乐课程资源充分发挥价值。

（一）提高对民族音乐课程价值的认识

每个民族独有的民族特征可以通过民族音乐传递和表达。这种表达呈现出来自各民族历史和生活的独有心理，是对民族生活习性、风俗习惯、语言文化、民族思想的集中表现。世界音乐文化资源是由不同民族的音乐文化共同组成的，丰富多彩，民族音乐价值变得不可取代，民族音乐在文化上有着重要贡献。民族音乐还应该在更广阔的时空上得到认可，因为民族音乐的民族性特征包含在世界性特征中。20世纪后，许多西方国家兴起了重视与发展民族音乐的浪潮。柯达伊认为，所有的孩子都要生活在音乐的母语环境中。这是他音乐教育计划的第一原则。

中华民族有着像海洋般浩渺的音乐宝库，有器乐曲、戏剧音乐、民间歌曲等

成千上万首曲目。形式各异、数量繁多的民间音乐组成了我国传统音乐,它和文学、哲学、政治学等学科有着千丝万缕的联系,民间音乐有着巨大的人文研究属性和审美价值。

我国民族音乐因为地域和历史的差别,形成了各式各样的音乐名称。尽管音乐的名称千奇百怪,但是这些音乐都是同一历史文化传承的产物,有着相同的根源。民族音乐分布在中华大地的各个地方,无论是高山草原还是盆地平川都有民族音乐的身影。北方大地的唢呐、江南水乡的丝竹和蒙古草原的马头琴,形态各异的民族乐器在中华大地上共同演奏了一曲华丽悠远的乐章。我国传统音乐在过去与各种民间文化相伴而行。改革开放以来,城市广场、乡镇街头热烈地举行着各种类似的文化活动。在文化活动中,民族音乐有着不可或缺的作用。各种民间艺术团体,无论规模大小,都凭借对民族文化、民族音乐的热爱,成为民族音乐发展的坚实后盾。如今,我国许多城市都将民族音乐带进了学校,带进了课堂。福建泉州中小学音乐教育中的"南音教学",就是鲜活的例子。南音是中国民族音乐,它起源于古代,至今仍在我国闽、台、港、澳地区传播。

(二)设置具有民族特色的音乐教材

1. 民族音乐教材资源的开发

人文学科共有的一个重要特点是民族性。民族性,是在教育中具有民族风格的属性,是中小学教材特性的重要组成部分。音乐是人文学科的重要分支,音乐教材的风格和内容必然有着鲜活的民族属性。民族风格对音乐教材的导向有着重要作用。倘若一个国家的音乐教材大量充斥着外国音乐,而本国优秀的民族音乐却寥寥无几,这必然是一种文化的缺失与错位。

音乐课程设计的基础是音乐教材,音乐教材保障着音乐课程的顺利进行。音乐课程的内容并不能涵盖所有音乐教材资源。音乐教材资源无法直接进入教材,需要经过教育加工步骤,才能进入教材,为教材所用。因此,音乐课程的进行顺利程度与音乐教材资源的丰富程度、对音乐教材资源的开发程度,都有着密不可分的关系。如今,民族音乐教育工作者面临的主要问题,是如何在坚持合理性、有效性的原则下,对民族音乐教材资源进行开发与利用。

中小学音乐教材有四种展现民族风格属性的方式。第一，对民族作品的选取。音乐教材的民族性可以通过民族作品选取的数量及其占教材作品整体数量的比例来体现。第二，介绍作品的背景知识。音乐教材在收录音乐作品时，增加该作品民族文化背景知识的相关内容。第三，教材的设计。音乐教材增加彰显民族特点、民族风格的图片、乐谱，给学生以视觉上的民族特性的观感。第四，教材主题的设置。展现民族特点的人文主题是音乐作品收录的重要考量。

经过实践的总结与证明，在一定程度上，开发民族音乐的教材可以弥补音乐课程本身的不足之处。民族音乐教材有以下三方面的优化、开发途径：

第一，更民主化地管理音乐教材资源。在教育行政部门的带领下，建立以音乐领域的专家、音乐教学一线教师为核心的音乐教材编订小组。政府部门出台音乐资源管理制度，保障在音乐资源开发过程中的经费，与相关人员进行配合。建立以音乐资源开发为主题的网络互动平台，给不同地域的各民族音乐教师提供音乐资源开发的交流媒介。网络媒介与现实小组的同步开展，可以形成更为民主化、系统化的音乐教材资源开发机制，从而编订出更具民族性的新型音乐教材。

第二，加强开发民族音乐教材资源主体的互动与联系。建立民族音乐教材资源开发的纵向机制。该系统机制的构成主要是中小学教师与大学教师。这种系统有着无与伦比的优势，实现了大学教师的音乐研究理论和中小学教师的音乐教学实践经验有机统一，在理论与实践相互促进的层面，使中小学民族音乐教材编订得更具有主体联动性和专业化。

第三，民族音乐教材利用的有效性。充分发挥各音乐课程开发主体的联动性功能，在经费与管理机制的双层基础上，开发、整合各类民族音乐资源，使新型音乐教材能更有效地在中小学中流通。

综上所述，随着对民族音乐教育认识的不断提高和社会的进步，我们将拥有更多的途径来发展民族音乐教材资源。尽管当前民族教育资源的开发有待发展，但是仍可以将民族音乐教材资源看作开发的恰当方式。虽然在实践中有不少民族教育资源开发的实践案例，但是在理论上仍需要引起更广泛的注意和探讨。为了适应现今艺术的多元化发展，人们正在开发民族音乐教材资源，这是积极的尝试。对民族音乐教材资源的开发，极大地拓宽了人们的文化视野，使人们对于当前音乐课程中存在的不足之处能够重新认识，对主流音乐教育方式如何发展进一步思考。音乐课程教育改革中的三级课程开发与管理模式，使民族音乐教材能够以更合理的方式进行开发、制定。对音乐教材资源在民族地区进行开发，不仅对我国民族音乐教育课程的完善和各民族学生对于音乐的适应性有着重要作用，而且对于学生成绩与教学质量的提升有显著意义。积极推进民族音乐教材资源的开发，是音乐教材内容多元化的重要举措，对促进音乐文化教育整体发展有着指引性意义。

2. 开发民族音乐校本课程

中小学音乐课程根据课程管理可以划分三个级别，分别为国家、地方和学校。与之对应的教材可以分为三大类别：国家教材、地方教材、校本教材。国家教材编写依据是教育部颁布的课程标准。该教材由教育部审定后，推荐至全国各地方使用。在教育问题上采用集权管理方式的国家或地区，对国家（或地区）主要教材的确立有一套完整的制度规范，国家教材是学生学习的首选材料。在中小学生音乐课程中，存在着诸多问题，其中民族性的缺失是首先需要解决的问题。音乐课程与其他课程相比，其民族属性尤为明显。因此，中小学音乐课程更需要地方化、校本化。少数民族音乐教育有着传统的音乐传承方式。如，苗族人民勤劳勇敢的生活方式深深地渗透在他们的山歌中，成为他们独特的社交方式。在美学价值上，人们可以比较清晰地找到和自己民族一样的表象类别。音乐以其民族性特点较为明显地成为人们在意识中形成文化传统的表象模式。

人民教育出版社在20世纪80年代后期，针对当时存在的五四制和六四制音乐教材，推出了两套中小学音乐教材。这两套全新的音乐教材是对五四制和六四制教材的优化与修改。最显著的更改部分在于，相较于老版教材，新版教材加强了民族性内容；增加中国曲目占全部曲目的比例；歌曲音调突出民族五声调式；融入了戏曲音调的因素。

目前，教材所包含的歌曲种类有限。虽然教材重视音乐教育与美育教育对学生人格形成的重要性。因此，对教材进行基于学生个性发展需要的改造显得至关重要，应当结合学校、学生的实际，对教材不符合现实需要的部分进行剔除或补充，整编成具有本校特色的校本教材。这种校本资料对国家和地方教材体系起到了丰富和补充的作用。

教材的呈现方式受到课程标准的影响，具有与时代相关的新特点。在学校教育体系中，通过国家、地方、学校三级课程管理体系可以促进民族音乐的传承与发扬，加深了对多元文化的理解。

随着新一轮课程改革的进行，校本课程也因此得到了更多开发的机会，不同地域的学校依据学校自身的条件，与本地的风土人情进行民族音乐教育。校本课程为音乐教材的开发提供了基础，促进了多元文化教育的发展。

（1）从民族地域特点出发，开发民族音乐校本课程资源。基于各民族地域环境、季节气候和地形地貌的差异，不同民族的音乐，不仅在数量和形式上呈现不同，而且在文化内容上表现较大差异。在开发音乐课程的过程中，应着重强调地域特色。各民族在地域上的差异在价值观、生活习惯、风俗传统、宗教信仰等方面都有深远影响。因此，音乐课程的开发，除了要重视地域特色外，还要凸显不同民族的文化特色。

（2）从民族音乐特色出发，开发民族音乐校本课程资源。不同学校的学生、教师在音乐知识体系、个性发展特点方面有较大差异，在身心发展和音乐审美特点等方面也有明显不同。由于各民族地区的建筑特色、文化传统、宗教信仰等方面存在较大程度的不同，因此，被开发的音乐课程资源同样多种多样。针对物质设施较为完善的学校，可以充分利用现代音乐技术开发校本课程资源。民族音乐教育是以建立学生民族情感为目的，着重培养学生的音乐素养，在了解民族音乐的过程中，让学生认识并理解民族文化。因此，对于开发民族音乐校本课程，应以民族的音乐特色为出发点。

（3）从民族教师特点出发，开发民族音乐校本课程资源。校本课程的成功实施在很大程度上，取决于具备民族特色的教师团队。教师的知识体系、价值观念都直接影响着校本课程开发利用的方式与水平。教师在音乐校本课程开发过程中有四点注意事项：第一，教师要分析自身特点找到自己的优势，在教学中充分发挥主观能动性，将自己的优势充分利用；第二，教师要以贯彻现代教学理念为基础，充分结合校本课程资源的开发方式；第三，教师要建立自己独有的风格特色，以激发学生兴趣为导向，将自己独有的教学风格融入民族音乐的教学当中；

第四，教师在教学中寻求与其他教师的合作，相互汲取长处，弥补不足，形成一种良好的合作机制。

（4）从学生的现状出发，开发民族音乐校本课程资源。音乐教育实施的客体是学生，学生是音乐教育的核心要素。从校本课程的角度分析学生的主体地位，主要表现在两个方面：一是音乐在不同民族生活中所占据的重要性是不同的，所以，学生在民族上的差异，导致其对于音乐的理解能力可能也会不同。学生在这种音乐理解上的差异，影响到校本课程内容的选取，也影响着课程内容所能够达到的广度与深度。二是制定音乐课程时应对学生的兴趣爱好、文化背景进行充分考量，选择适合不同民族学生的音乐资源，让学生在上课过程中感受到民族音乐的魅力，在对民族音乐感兴趣的基础上，激发学习民族音乐的热情。因此，在开发校本课程时，要努力地寻找具备地域特色民族音乐资源，紧紧贴合学生的兴趣，这样才能开发出优秀的音乐课程。

（三）开发有效的民族音乐教学模式

教学模式是在教学的进程中，为了实现教学的任务和目的，师生之间相互交流、相互合作的方式及方法的总称。这项活动涉及教师和学生两个主要参与者。在教学的过程中，教师与学生的关系是密不可分的，教师是教学的主导者，学生是教学的接受者和主体。教学方式反映着特定的教育观念，受到所教学课程内容和组织方式的制约与影响。新课标要求师生之间是一种基于民主合作、充分体现创造性的、相互影响认知、相互交流情感、相互传递价值观的密切关系。

由于音乐具有的特殊属性，因此，音乐教学涉及的不同内容和形式，对音乐教学模式的灵活、包容、多样等特点有着决定性作用。这种教学模式涵盖了各个学科共用的教学模式，彰显了音乐教学独有的特点。为此，必须建立与民族音乐教学发展相符合的系统。可以从两方面分析民族音乐教学模式：感受和实践。

1. 体验式的民族音乐教学模式

体验式的教学模式是指通过学生的感觉器官，感知音乐要素的基本特征，体验音乐的情感，想象音乐内容所表现的各种意境，理解音乐作品的社会价值和艺术价值。具体分为以下三种：

（1）聆听体验。这种教学方法以欣赏民族音乐为目的。在整个教学中，教师通过营造适宜的音乐氛围，指导学生在民族音乐的体验中感受情感的律动与艺术的美感，实现培养学生艺术鉴赏能力的目的。聆听体验的教学，有利于学生加深对深层次民族音乐艺术内涵的理解与感悟，深入感受审美愉悦，对学生的想象能力与思维活动有发展作用。如，在教师指导学生聆听琵琶曲《十面埋伏》时，学生聆听音符的跳跃并结合自己丰富的想象力，感受到古代战场上将士的壮烈英勇的气息。为学生展现了我国民族乐器高超的艺术水平并领略民族音乐的壮阔之美。

（2）感知体验。音乐教师通过对教具的实际使用与直观操作，让学生在感知体验中获得感性认识，充分体验和感受音乐。如，在民族音乐的教学中，教师通过演唱或演奏的方式来帮助学生感知艺术特点，使学生在技能和技巧方面得到训练。这种方法能够使学生在体验民族音乐过程中得到更深入的认识。为了让学生了解某种民族乐器的结构特点，教师可以采取展示图或实地展示音乐乐器的方法，让学生通过观察、接触和实践等方式获得直观的认知体验。为了使学生了解戏曲的内涵，教师可以利用多种现代化的手段，如电脑、VCD、录像等，帮助学生学习相关知识，领略民族音乐艺术的广阔魅力。学生可以被安排进行实地调研，在与民间演员的面对面交流中获得感性体验。在感受民间艺人生动表演的过程中，直观体会到民间音乐的艺术风格。

（3）情境体验。为学生营造一个能够学习民族音乐的环境，教授相关知识。教师可以在教室中设置民族文化展示背景墙，播放具有民族特色的音乐，穿戴传统的民族服饰，悬挂各种民族艺术家的画像。学生可以在这种情境中，对民族文化、民族音乐产生极大的热情，更能激发学生学习民族音乐的兴趣。

2. 以课堂实践活动为主的教学模式

以课堂实践活动为主的教学模式是指在教师的引导下，让学生直接参与各项艺术实践活动，在实践中感受体验音乐、表现创造音乐、正确评价音乐的教学模式。

（1）练习实践。在中小学教学中，练习法是一种十分常见的教学方法，在所有有关教学方法的专著中都会涉及它。练习法是学生通过老师的正确指导，对某些具体动作反复练习以获取相关知识的方法。要想掌握民族乐曲、跳民间舞蹈和演奏民族乐器，需要长时间反复练习并掌握相关的技能与技巧。教师要在练习过程中不断督促学生积极学习，帮助学生感受民族音乐的艺术美感，激发学生的学习欲望。教师要在每一次练习中对学生提出新的要求，确保学生在每一次练习都能有新的体会、新的进步。

（2）探究发现。根据新课标的要求，教师需要为学生提供充满趣味性和开放性的学习环境，鼓励他们进行创造和探索，培养其好奇心和求知欲。学生在学习的过程中，应该注重发展以即兴发挥和自由发挥为主要特征的创造性思维。探索新知识是以创新性为导向的认识过程。这个过程有利于激发学生的学习兴趣，培养学生独立思考的能力。马斯洛认为，人类的学习过程分为内部学习和外部学习两种，其中内部学习过程有更重要的作用。通过内部学习，人们可以更深层次地认识自己、探求新知，挖掘自身的潜力。如，当学习某些地方戏曲音乐时，可以以聆听戏曲音乐的旋律与节奏特点为切入点，逐步深入研究该戏曲音乐形成和发展历史。教师与学生共同合作，采取对比分析的方法，探究该戏曲与其他戏曲的差异，得出该戏曲独有的艺术特点。对该戏曲综合评述，对其形成一个全面系统的认识。

（3）创造活动。为满足新版教学大纲的要求，中小学音乐课程需要创造性地设计多样化并富有创意的活动，以形式和场景等激发学生的想象力，提高他们的创造性思维。如，王蕾老师凭借《击鼓传乐》在全国录像课比赛中获奖。在这堂课上，王蕾老师将聆听、演绎、模仿、创编等环节有机结合。她在创编过程中，提出将训练方式分为练习和表演两种形式。其中，练习方式需要学生两两结组，用手掌模拟小剧场演出。表演方式为任选一组拿小道具进行即兴表演。在这个过程中，学生的创造性和积极性得到调动。

第二节　中小学开展民族音乐教学的意义

一、有利于素质教育和民族音乐传承

每个国家和民族的传统音乐文化都富含人文精神和教育价值。对学生而言，学习本民族传统的音乐，是深入了解本民族生活方式、风俗习惯和文化历史的途径。民族音乐是一个国家传统文化的重要组成部分，也是全世界音乐艺术中的瑰宝。

高中音乐课程要求学生了解并学习中国民间音乐和世界各地的民族音乐，通过欣赏这些民族音乐作品，进一步领略不同民族的文化特色。中国优秀的民间音乐作品见证了千百年来中华儿女的勤劳与智慧。作为人类重要的文化财富，中国民族音乐作品在音乐教学中占据重要地位。

然而，有相当一部分学生对民族音乐没有清晰的认识，导致他们对于民族音乐的学习缺乏热情。有些学生认为民歌太过于陈旧，与时代潮流产生了脱节；也有一些学生认为京剧表演复杂、缓慢，不如通俗音乐简单易懂；甚至有些学生无法分辨民间音乐与西方音乐的区别。由于知识的短缺与情感上的偏见，民族音乐在学生群体内部的推广与传播异常困难。

值得注意的是，民族音乐教育在中小学中开展，有利于在优美的音乐中培养学生的审美素养，在增强学生对祖国音乐艺术的认同感、培养他们的爱国情怀与民族自信心有显著意义。对于弥补学生民族文化素质的缺失，这种民族音乐的教育有着决定性作用。通过探究民族音乐的源流，可以启发学生认识到民歌历久弥新的生命力；通过了解民族音乐的发展过程，可以使学生意识到本民族音乐继承和发展的必要性；通过欣赏民歌民乐，学生可以简捷地进入到充满魅力的民族音乐世界；通过学习民歌和民族器乐，学生可以融入并成为民族音乐多彩世界的一部分。

音乐在文化中扮演着重要角色，音乐教育的开展有利于传承文化。音乐文化和其他文化一样，只能通过后天学习来掌握。音乐教育承担了保存、传递、延续民族传统的责任。因此，中小学开展民族音乐教育可以确保音乐教育的完整性，

还可以有效提高学生必备的素质。

如果学生接受民族音乐教育，那么其民族文化涵养也会因此得到提高。这种效果的产生是因为学生通过了解作曲家的生平、音乐作品题材、体裁、风格等，能够对中国音乐的发展历史有更多的了解，初步分辨不同时代、不同民族的音乐，更深入地认识和理解中国民族音乐。通过学习历史悠久、博大精深的中国民族音乐，能够帮助学生对自己祖国的文化有更深刻的了解和认识。教师通过带领学生感受民族音乐作品对于祖国山川湖海、历史文化、社会发展的讴歌与热爱，在培养学生拥有浓郁的爱国热情的同时，也在培养学生形成良好的行为习惯和集体主义精神。

在民族音乐的教学过程中，学生可以身临其境地接触民族音乐，领略其中流淌着的丰富意蕴和深刻内涵。通过深入研究本民族优秀的音乐作品，可以听到时代的呼唤和人民的共鸣。学生可以感受到民族音乐明快的节奏、完整严谨的结构、流畅优美的旋律等因素的相互交融，以及塑造出多姿多彩的音乐艺术形象。

当前，许多国家在本民族音乐教育方面强调保护和传承传统音乐文化的重要性。在世界范围，许多知名的音乐教育专家都认为，儿童的音乐教育与其语言教育一样，应该使用本民族的语言进行歌唱。这个举措可以使他们在最初就形成对本民族音乐文化的深厚情感。柯达伊是匈牙利著名的音乐教育家，他认为音乐教育是连接民歌最直接的途径。他以匈牙利民歌的五声调式音乐作为教学课程，并通过以民族基调为主题的音乐教育，培养出一批对匈牙利文化有着深厚认同感的年轻人。日本、英国、美国、俄罗斯、印度等国家都在学校音乐教育中实施多项措施，以促进其民族音乐文化的保存和发展。这些国家的音乐教育内容注重本民族音乐文化的传承和发展。我们可以从这些国家的经验中得到启示。

在传承民族音乐文化和培养优秀音乐人才方面越来越多理解音乐教育的有识之士正在崭露头角。他们相信，要推广中华民族的音乐文化，必须建立在本民族传统音乐文化的基础上。他们认为，应该从教育领域入手，从基础教育开始推动。1995年12月，第六届全国国民音乐教育改革研讨会开始对"以中华文化为基础，充分发挥音乐教育在国民素质教育中的积极作用"进行深入探索和研究。这次会议在引导学院加强民族音乐教育、提高学生基本素养方面表现得非常出色，有助于推动中华民族音乐文化的传承、弘扬和创新。同时也起到了积极的促进作用，有助于逐步建立中国特色音乐教育体系，为制定中小学音乐课程标准打下了基础。

在中小学中开展的民族教育，其本质是希望青少年在理解传统的基础上，继承优秀传统、发展传统，而非要青少年沉溺在过去中、停步不前。在当今东西方文化相互碰撞、交融的时代背景下，音乐文化的发展必须借鉴人类文明的共同成果，同时必须保持"以我为主，为我所用"的态度。音乐文化发展需要进行多样化的国际音乐文化交流，以汲取不同国家音乐文化的精华。必须引进和学习世界上先进的音乐教育体系，要实现真正的学习，必须将先进的知识与中国的国情、民情相结合，让这些知识深深地融入中华民族文化的土壤中，形成独具中国特色的作品。在中小学中开展民族音乐教育，将会培养出许多高素质创新型人才，为社会音乐文化的持续发展和革新贡献他们的力量。

二、有利于走向世界

随着全球化浪潮的不断涌动，很多地方的"文化家园"面临严峻考验，许多人感到失落和沮丧。这种情绪在全世界范围内引发了强烈的民族主义反响，在我国音乐教育领域也不时出现类似的情况。民族主义是一种情感深厚、持久的观念，它涵盖了对自己民族历史和文化的认同感、归属感和忠诚度。民族主义对本民族的传统和特色，旨在形成处理民族问题、维护本民族利益和规定对外关系的行为准则和价值观。要理性地看待客观存在的民族主义情感，并认可其中积极的方面，避免其中局限和消极的方面，使民族主义情感向宽广健康的心态与情怀转化。

通过在中小学开展民族音乐教育，可以拓宽学生的视野，突破狭隘的民族主义情绪。这是因为音乐教育可以促进音乐文化的传承和整合。推行音乐教育的过程，也相当于是对烦琐的民族音乐进行提炼和提取精华的过程。在全球化的脉络中进行该过程，可以使文化视野变得更加开阔，以全新的视角来看世界，并反思自身。通过在全球音乐平台学习自己民族的音乐，可以更深刻地领略其魅力，加深对如何增加民族音乐含量及提高其品质的认识。

在教授民族音乐时，教师有认真履行保护和传承民族音乐任务的责任。他们需要辨识各种类型的民族音乐，明确含糊不清的音乐分类标准，评估民族音乐作品的价值，理解不同社会立场的人士对民族音乐的看法，以及区分民族音乐与其他音乐之间的差异。在这段辛勤的旅程中，教师不仅能够意识到民族音乐在各个方面的精华，还可以留意细节方面的不足之处，同时从其他音乐中探寻取之不尽的优点。因此，在进行民族音乐教学实践中，教师应该客观公正地评价，这样能够激发学生的民族自豪感，避免其出现自大和狂妄的情绪。

民族音乐教学旨在帮助学生通过学习来自不同民族、国家和不同时期的音乐作品，感受这些音乐作品中蕴含的民族情感，并深入了解不同民族的音乐传统和音乐特色。民族音乐教学目标是让学生对中华民族音乐和其他民族音乐产生浓厚的兴趣和热爱。在这个过程中，学校需要作出至关重要的决策：选取最具代表性民族音乐文化元素的、民族音乐历史上的经典之作，以展现民族音乐的多彩风貌和悠久历史；仔细筛选合适的音乐教师，逐步建立一个高质量、高水平的音乐教学队伍；仔细挑选教授民族音乐的方法、方式。这样不仅可以让学生学习中国民族音乐，还能让他们了解其他国家和民族的音乐文化。这样做可以扩大学生的审美视野，让学生更好地理解世界各民族音乐文化的多样性和丰富性，有助于加深学生对不同文化的认知、热爱和尊重。

第三节 中小学民族音乐文化传承的教学实施策略

一、内容选编策略

（一）确立民族音乐教学内容的实施标准

以课程标准为依据，立足音乐学科特点，尊重学生审美心理发展特点，确立课程内容。以现有教材为起点，以音乐发展为线索，以学生实践为主体，突显民族音乐文化特色，编排教材内容。

（二）明确民族音乐教学内容的实施原则

1.普遍性

在民族音乐校本课程开发的过程中，所选编的课程内容应该是与学校学生的身心发展水平、认知水平之间相平衡的。课程内容应当更好地满足普遍学生的需求，符合教师的专业发展，在学生预期可掌握的知识范围内充分发挥课程资源的教育价值。

我国各民族都具有不同风格的民族音乐，因此在开发过程中，课程内容是丰富繁多的。这些可以为民族音乐校本课程内容提供充足的养分，在内容的选编上，将这些优秀的资源优化利用，使民族音乐校本课程丰富多彩。

2.发展性

我国的民族音乐种类繁多，而校本课程中选编的民族音乐文化作品是民族音乐中的优秀作品，具有代表性，其文化含量和艺术地位都比较高。在编写民族音乐的校本课程中，不仅要体现文化的传承，还要有与时俱进的动力，使其在传承中得到发展，以提高民族音乐的吸引力。

3.可行性

在民族音乐校本课程内容选编的过程中，要充分考虑所选编的内容资源符合时代背景，具有可操作性。重视民族音乐学习中各个领域的均衡性，保持合理恰当的比重，充分考虑在课程进行过程中影响课程的困难与障碍，确保课程的顺利进行。

（三）遴选合适的民族音乐教学资源

教学资源是实施教学所必需的前提条件，它来源于学科的各种因素。根据课程资源的功能特征，一些学者将课程资源的定义分为了广义和狭义两种。从广义上来说，我们把可能对课程实现和教学目标产生积极作用的因素归为课程资源。这些资源涵盖了各个方面，如知识、经验、人才、理念、物资等。从狭义上来讲，课程资源是指不需要额外处理能直接应用于教学活动的有形物质材料，以及学生具有的知识、家长的态度等无形资源。教学资源可以按照空间位置的不同分为校内和校外两类。其中，校内教学资源是指学校内部的教学资源，校外教学资源是指学校以外的教学资源。教学资源具有多样化的划分准则,因此,根据不同的划分准则,其定义也需要进行对应的修改与补充,以适应实际情况。

1. 教材内民族音乐教学实施资源

在对课程的资源进行选择时,需要将学生的身心发展情况、兴趣特点、认知能力作为考虑的重要因素,以确保选用的资源不仅符合课程的性质和目标,而且适合学生的年龄段,能够切实授予其所需的音乐知识。融合各个民族的音乐学习资料,是民族音乐课程开发研究的基础。要保障课程的成功开展,除了其他方面的安排外,还需考虑硬件设施的配备:具有完善基础设施的音乐教室、民族音乐教学乐器和课程开发所需要的资金。

2. 教材外民族音乐教学实施资源

充分利用课外的民族音乐资源可以丰富课程内容,增加多样性。在民族音乐课程开发时,要深入考察学校的学生资源特点和学校所在地的特色音乐课程资源。我国民族具有多样性的特征,民族数量众多,各民族之间有较大差异性,因此,产生了丰富的民族音乐资源。我们的课程将以教材为基础,并结合当地的教学实践,研究并开发适合小学音乐校本课程的本地音乐资源,以强化学生的学习体验。如,在上海弄堂和金山地区,我们可以欣赏到当地的童谣和打莲湘音乐文化。通过这些文化艺术形式,我们可以了解和体验到更多本土文化的深厚文化内涵。同时,这些民族音乐文化的弘扬和传承,也有利于我们更好地理解多元化的音乐文化,对丰富学校教育课程的多样性具有非常重要的意义。也有助于规范和合理选择教材以外的民族音乐资源。

二、实施评价策略

(一)评价的原则

(1)从本课程教学目标出发,评价内容围绕民族音乐呈多元化。

(2)围绕民族音乐文化,采用多种评价相结合的方式,呈多样化。

(3)结合学生年龄与能力的特点,评价围绕民族音乐学习过程,呈差异化。

(4)关注每一个民族音乐学习细节,评价语言呈具体化。

（二）评价的内容

课程评价内容以民族音乐课程学习的内容与要求为依据，分别对情感态度、知识技能和表现能力的民族音乐学习主题进行评价。

（三）评价的方法

1. 形成性评价与终结性评价相结合

建立学生个人成长记录袋，包括民族音乐校本课程学习的日常形成性评价和终结性评价两个方面：一是在学生学习民族音乐过程中进行即时的评价，可以用五角星、三角形等符号表示记录；二是对民族音乐学习成效进行终结性评价，包括学习情况、参与情况、表演情况、获奖情况。

2. 自我评价与互评、师评相结合

在民族音乐的学习过程中适当进行自我评价。自我评价是教育教学逐步向平等化、人性化发展过渡的体现，它使被评价者从被动接受评价到主动参与评价，而互评与他评的参与者可以是同学、教师、家长等。大家可以共同参与评价，这样增加评价的互动性，使学生更加专注地去关心其他同学的表现而后自我对照、寻找差距，使评价过程成为一个重要的学习过程。自我评价、相互评价及他人评价这三种评价手段相结合，可以使他们能够更好地认识自己所学的民族音乐技能，可以使他们学会客观地去评价他人所学的民族音乐文化知识，对他们的交往能力的培养也能起到一定的作用。教师对学生学习民族音乐文化的评价具有总结性的作用。教师的评价主要是表达教师对学生学习民族音乐的期望，可以通过给学生鼓励、肯定及指出学生学习民族音乐时出现的问题、指明今后学习民族音乐的方向等方式进行评价。

（四）评价的表述

在民族音乐学习的评价中，不同的评价方式可采用不同的表述方式。日常评价可用不同的评价符号，如五角形、三角形、圆形等代替；总结性评价可用"优秀、良好、合格、不合格"四个成绩评定。

第四节　中小学民族音乐文化传承能力的培养路径

一、明确民族音乐教学理念

音乐课程教学的基本理念是指导音乐课程实施的理论基础，对于规范音乐教学方式和音乐学习方式具有十分重要的意义。据音乐学科教育学权威专家的研究表明，教师的教育观念对他们的教育态度和教育行为有着显著的影响。教师的教育教学行为是在教育观念的背景下展开的。不同的思想支配不同的行为，有什么样的教育观念就有什么样的教育行为。当代世界著名的音乐教育体系及教学法，无一例外都是以现代的音乐教育思想和观念为基础形成的。

中小学师生对"弘扬民族音乐"列入音乐教学基本理念的做法应抱有深切的认同并全力支持，通过学习、理解、宣传等不同途径，看到其重要的现实意义和必将产生的深远影响，将其牢固地树立于教学理念中，落实在教学活动上。任何忽视、无视这一理念的做法都是违规不可取的。

应将我国各民族优秀的传统音乐作品作为音乐课重要的教学内容。随着时代的发展和社会生活的变迁，反映现代和当代中国社会生活的优秀民族音乐作品，同样应纳入音乐课的教学内容中。普通高中音乐课程应将我国各民族优秀的传统文化，和反映现代与当代中国社会生活的优秀音乐作品作为重要的教学内容，使学生了解和热爱祖国的音乐文化、增加学生民族意识、培养爱国主义情感。要站在高度的民族性和广泛的世界性立场上，从文化视野和审美观念上对民族音乐加以认定，这是我们一定要悉心领会、切实把握的。

正如上海师范大学冯季清教授主编的《高中音乐新课程理念与实施》一书中所阐述的："我国的民族民间音乐源远流长，它是中华民族共同创造，并不断吸收世界各国和各民族优秀音乐文化的精髓发展而成。我国的民族音乐凝聚着中华民族的伟大精神，凝聚着民族艺术的精华，体现了中华民族的意志、力量和追求。56个民族拥有数以万计色彩独特的民歌，它们是取之不尽，用之不竭的艺术宝库。品种繁多的民间歌舞、民间器乐、曲艺及戏曲种类都具有鲜明的音乐风格。在民族音乐文化的学习过程中，教师可以向学生充分展示中华民族的音乐风采，这是开展爱国主义、民族精神教育的重要途径。通过民族音乐欣赏、表演和创作等实践，青少年心中树立起饱满的爱国主义精神、民族热情以及民族文化自信。"[1]这些论述是对确立"弘扬民族音乐"理念科学性、必要性的又一次深刻诠释，向中小学师生展示出一道亮丽的风景线。

二、培养民族音乐优秀师资

中小学音乐教育的目标是通过教学及各种生动的音乐实践活动，培养学生热爱音乐的情趣，提高音乐感受与鉴赏能力、表现能力和创造能力，提高音乐文化素养，丰富情感体验，陶冶高尚情操。这就必然要求从事民族音乐教学的教师应该是教育对象的楷模与表率，一定要具备相应的能力、志向和才干。这对音乐教师在基本素质方面提出了特殊的要求。

（一）要具有强烈的民族音乐认同感、使命感

音乐教师必须对祖国和人民、对传统文化、对民族音乐有深刻的认同感和厚重的挚爱。这种情感是一种深沉的、执着的、理性的爱。正如人们将其比喻成根对生长它的土地的爱。教师要对自己所从事的职业抱有高度的事业心，对所教的学生怀有强烈的责任感，热爱音乐教育事业，赞赏民族音乐教育，努力以最高标准完成教学任务，兢兢业业、勇为人梯。

（二）要具有良好的民族音乐知识与技能

中小学音乐教师不但要具备全面的音乐基础理论修养和视唱、听音、声乐、键盘、指挥、创编等知识技能，而且在民族音乐教学方面还必须提高技能。其一，在表演方面，音乐教师应兼备具有对民族音乐的理解能力和娴熟的技艺。他们应有演奏民族乐器和演唱民族歌曲的能力，能表演过去和现在有代表性的民族音乐作品，并具有即兴表演的能力。音乐教师应能运用民族乐器进行伴奏，能进行范唱和指导学生演唱一个段落或整首民歌，能督导、示范和评价学生对民族乐器、音乐素材的使用情况。其二，在分析评价方面，音乐教师应能识别和理解民族音

---

[1] 冯季清.高中音乐新课程理念与实施［M］.海口：海南出版社，2004.

乐作品所运用的创作手法，要能够运用自己的中华文化音乐知识，正确认识和分析民族音乐作品的原创作者、历史背景、文化内涵、主要特色，使自己真正成为学生在民族音乐道路上的引路人。其三，在改编和谱曲再创作方面，音乐教师应具有正确认识和理解民族音乐作品优劣的能力，能根据表演和表达思想情感的需要，改编和创作民族音乐作品，通过创造性地运用民族乐器演奏，扩展音乐表现力，体现民族音乐的独特魅力。

（三）要具备开展民族音乐教学的基本能力

从控制论的角度考查，民族音乐教学的监控能力是教师从事民族音乐教学活动的核心要素。这一能力也是为了保证教学的成功，达到预期的教学目标，在教学全过程中的计划、检查、评价、反馈、控制和调节能力，包括准备与教学设计、教学实施与管理、教学内容的呈现、师生语言与非语言的沟通、评估学生的进步、教学评价。对于进行民族音乐教学的教师来说，必须具备的基本教学能力，是全面掌握和运用民族音乐专业知识和技能的能力；分析运用和组织民族音乐教材的能力；激发学生对民族音乐情感体验的能力；用语言和文字表达民族音乐相关知识和技能的能力；组织民族音乐课堂教学和课外活动的能力；了解学生在民族音乐方面的个性和学习情况，以及因材施教的能力；多方位进行民族音乐教育的能力；预估民族音乐教学效果的能力。

（四）要具备健康的心理和完美的人格

美国哈佛大学的《纽约时报》专栏作家丹尼尔·戈尔曼，在他的《情感智慧》一书中提出了一个迅速被世人认可的定律。他认为人的成功条件除了智商（IQ）因素外，还有情商（EQ）因素，即情感智商。他甚至提出在成功的原因中智商只占20%，情商和其他的条件占80%。戈尔曼提出的情感智商，包括认识自身情绪的能力、妥善管理情绪的能力、自我激励的能力、认识他人情绪的能力、人际关系的管理能力等内容。音乐教师在进行民族音乐教学时，面对的是"正在形成中的个性最细腻的精神生活领域"，教师的情绪、人格甚至一言一行、一笑一颦都会波及学生的心理，影响学生的成长。因此，音乐教师是否具有健康的心理、完美的人格，是否对音乐教育事业孜孜不倦地追求，是否对民族文化、民族音乐抱有浓厚的兴趣爱好，是否对学生尽心关爱、真诚理解，是否能够不断完善自我认识等，这些属于情商（EQ）的素质，将直接影响民族音乐教学的各个层面。

总之，努力提高音乐教师的民族音乐素养和民族音乐教学能力是一件势在必行的工作。音乐教师应主动自觉地在职前、职后，通过培训和自学，不断提高自己在这方面的功力。

三、开发民族音乐课程资源

课程资源的安排与取舍属于课程管理工作，是民族音乐教学的重要组成部分。目前，经国家教育部门审查通过和教育主管部门推荐的教材是音乐课程最重要的基本资源。

中小学的音乐课程资源按《基础教育课程改革纲要（试行）》的规定，实行国家、地方、学校三级课程管理。除国家课程外，地方和学校自主开发的课程应占有一定比例。地方和学校应结合当地人文地理环境和民族文化传统，开发具有地区、民族和学校特色的音乐课程资源。音乐教学设施应配置民族乐器。中国传统音乐是民族文化的重要组成部分，要善于将本地区民族民间音乐资源运用在音乐教学中，使学生从小就受到民族音乐文化的熏陶。

在具体落实的过程中，要从课程资源上保证中小学音乐教育不仅要按规定完成国家要求的、含有民族音乐教学内容的任务，而且要将音乐教材中15%～20%的内容用来补充、开发乡土音乐教材和本校音乐教材，结合当地人文地理环境和民族文化传统，开发具有地区、民族和学校特色的音乐课程资源。

我国的民间音乐资源十分丰富，各地民歌曲调、民间歌舞、民间器乐曲、戏曲、说唱音乐的曲牌等都可用来增加学生学习民族音乐的兴趣，培养他们对民族音乐的热爱。教师可选用一些当地较流行、学生也熟悉的民族音乐，像汉族民歌中的山歌、小调、劳动号子，蒙古族的长调与短调，维吾尔族的情歌，藏族的山歌和酒歌，朝鲜族的抒情谣等，用于课堂教学。民族乐器是重要的民间音乐资源。如，江南丝竹中的二胡、笛箫、琵琶、三弦等，中原地区的筝、扬琴、阮等，江北河西的唢呐、锣鼓等，南音、粤音中的多种专用乐器，以及维吾尔族的热瓦甫，蒙古族的马头琴，苗族的芦笙，傣族的葫芦丝、巴乌等，都会增加学生对民族乐器的亲切感、认同感，增强他们学习器乐的兴趣和信心。

认真落实关于开发音乐课程资源的相关规定，将使中小学民族音乐教学更贴近现实和生活，更容易被学生以喜闻乐见的心态接受。音乐教师在这一方面可以倾情展现民族音乐教育的大好用武之地，应该力争亲力亲为、精心操作，在教育教学的过程中坚定方向，明确职责，保持本色。

四、优化民族音乐教材内容

如何将我国的优秀传统音乐作品纳入音乐课的教材，使学生能够通过学习民族音乐，加深对祖国音乐文化的了解和热爱、增强民族意识和爱国主义情操，是开展民族音乐教学值得关注的又一个重要问题，我们应执行音乐教材编写原则。教材应将思想与艺术性有机结合，体现音乐教育的规律，渗透思想品德教育。在教材内容编写上，民族传统音乐应占有一定比例。这些规定对我们如何精选教材，优化教材内容有着重要的启示和指导作用。

在如何选用教材方面，要求3~6年级的学生聆听中国民族民间音乐，知道一些有代表性的地区和民族的民歌、民间歌舞、民间器乐曲和戏曲、曲艺音乐等，了解其不同的风格；要求7~9年级的学生聆听中国民族民间音乐，知道其主要的种类、唱腔、风格、流派和代表人物。学习中国传统音乐，感受、体验音乐中的民族文化特征，认识、理解民族民间音乐与人民生活、劳动、文化习俗的密切关系。教材内容应能使学生了解中国音乐发展的主要过程和成就。

五、完善民族音乐课堂教学

按教育部规定，小学、初中、高中都应设音乐必修课。中小学音乐教育主要通过课堂教学形式来实现。音乐课堂教学是中小学实施音乐教育的基本形式，这是开展民族音乐教育必须倾尽全力关注的一个重要环节。

要完善民族音乐的课堂教学，本书认为，首先，应在体验性音乐教学法、实践性音乐教学法、语言性音乐教学法、读书指导法等教学法上狠下功夫；其次，在歌唱、音乐欣赏、基本乐理、视唱练耳、器乐教学分步进行的同时，还应树立四点基本认识：其一，课堂是教师授课的讲台，也是师生之间交流互动的平台；其二，课堂是对学生进行训练的场所，更是引导学生自觉努力的场所；其三，课堂是教师传授知识的场所，更是启发学生探究知识的场所；其四，课堂是教师展现教育智慧的场所，更是学生运用才华的场所。因此，在课堂教学中，教师要努力避免教条化、模式化、单一化和静态化。

在课堂教学这个环节中，开展民族音乐教学的教师可以着重从以下三个方面进行精心准备：

（一）民族音乐课堂教学的课前准备

课前准备是上好民族音乐课的前提。备课细致、充分、切合实际是上好课的先决条件。课前准备在很大程度上决定着课堂教学能否按计划完成预定教学目标，收到预期效果。

1. 研习教材

研习教材包括熟悉教材和掌握教材。在熟悉教材方面，应熟悉教材的思想和内容，理解教材在音乐审美及知识技能上有什么要求；要能够正确地阐释教材的音乐要素、表现手段。在掌握教材方面，要能从音乐上熟练地运用教材，做到能分析、能示范、能恰当地筛选补充教学内容；确定教学重点、难点，研究教法与学法，在此基础上，制定出教学目标。在研习教材时，必须避免纸上谈兵，把聆听作品、阅读参考资料与唱奏实践结合起来。

2. 课前摸底

学生是教学活动的主体，学生的学习效果是教学的最终结果。因此，教师对施教班级学生掌握民族音乐、民族乐器的基本情况应摸底调查，以备对症下药。特别是对学生原有音乐基础，学生对民族音乐的态度、兴趣与爱好，班风纪律等情况应心中有数。在进行每个单元的备课前，应调查了解学生现有知识技能状况等，以便因材施教。

3. 确定教法

从教材内容、学生实际水平、学校设备条件、教师自身优势等情况出发，教师应学习借鉴优秀的相关教学经验和方法，总结自己以往的成功做法，创造性地设定教学方案，在此基础上写出完整的教案。

（二）精心设计民族音乐课堂教学结构

课堂教学结构是指一节音乐课对部分内容之间的联系、顺序及学习时间的分配。

民族音乐教学的开始阶段包括组织教学和导入新课；中间阶段包括学习新课、分析讨论、技能练习等；结束阶段包括复习巩固、课堂小结等。教师在设计民族音乐教学的类型与结构时要注意灵活运用，避免生搬硬套。

精心设计民族音乐课堂教学的结构是提高教学质量的重要步骤，体现着音乐教师教学水平的高低。音乐教师要将教学内容的选择与搭配、顺序的安排、重点与难点的处理、时间的分配、教学模式和教学方法的选用，以及情绪的高潮与起伏等，纳入课堂结构中。优秀的音乐教师应能精心设计民族音乐教学的各个环节，使每堂音乐课都犹如一部优美、完整的乐章，充满艺术魅力和思想启迪。

（三）提高民族音乐课堂教学艺术

课堂教学艺术的实质是教师本人独特的创造力和审美价值在教学中的体现；是教师将教学规律与独创性相结合；是教师引导学生在有限的时间里，最大程度地获得音乐美感的过程；是教师个人教学魅力与风采的集中展现。课堂教学艺术是教师在教学实践中积极探索、辛勤积累的宝贵财富，它能有效地调动学生的积极性，使教师可以从容做到对教学目标、教学过程、教学质量和学生情感的最优化掌控。

音乐教师要提高民族音乐课堂教学艺术，要遵从教学艺术的普遍规律和要求，也有着特殊的方式和方法。可以从提高组织课堂的教学艺术、节奏艺术、教师教学语言的艺术、教学板书和图示的艺术、教学的应变能力等方面进行不懈努力，其中有两点特别值得关注：

第一，努力增加教师的民族音乐知识和技能。实践证明，音乐教师能否高质量地唱好经典民歌、小调民歌，能否正确范唱主要剧种，能否专业水准地演奏一种或几种民族乐器是民族音乐教学是否精彩的重头戏。这需要音乐教师为之付出职前苦练、职后进修，乃至大半生锲而不舍的努力。音乐教师已决心穿上"红舞鞋"，就要为人师表、教书育人，严格要求自己，锤炼技艺，不断提高自己的教学艺术水平。

第二，关注民族音乐教育方式的创新。在开展民族音乐教学时，有许多关于音乐规律性的东西需要向学生传授，但音乐"只可意会，不可言传"的特殊性质却需要靠想象力去再创造。那种传统的口传心授、我教你学、我讲你听的师徒式教学方式已明显落伍，与创造性思维的培养大相径庭。音乐教师应密切关注民族音乐教育方式的创新，追求一种无权威的学习机制，追求一种自由、和谐、双向交流的教学氛围，努力建立平等互动的师生关系。教师与学生凭借音乐交流审美信息，不存在智力教育和道德教育的权威性和强迫性，教学双方完全是一种平等的关系。音乐教师要勇于从传统的角色中跳出来，变"教书匠"为"教学设计师、指导者、合作伙伴"，为学生的民族音乐学习创造宽松、融洽的人际环境。在民族音乐课堂上，学生可以畅所欲言。教师要有意识地强化学生的"问题"意识，允许质疑，鼓励探索，尊重学生对民族音乐的不同体验与独立思考。民族音乐教育方式的创新应体现较强的民主意识，要充分尊重学生的人格，维护学生在音乐学习方面的自尊心与自信心。民族音乐教育属于义务教育，无论学生是否具有音乐天赋，都有接受教育的权利。学生是民族音乐教学活动的主体，使每一个学生的音乐潜能得到开发并终身享受音乐乐趣，这是民族音乐教育的崇高责任。

六、拓展民族音乐课外教育

课外音乐教育包括校内课外音乐教育、校外社会音乐教育和家庭音乐教育，这些是学校音乐教育的重要组成部分。它可与课堂音乐教育相互配合、互为补充，不能相互替代。音乐教师有责任推动、指导学校课外的民族音乐活动，要主动争取教育行政部门和学校领导的充分重视与支持。学校应将课外的民族音乐活动纳入学校工作计划，将音乐教师辅导课外音乐活动的工作计入工作量，在活动设备、经费和场地上给予保障。

课外的民族音乐活动是丰富学生课余生活,促进学生德、智、体、美全面发展的重要途径;是加强社会主义精神文化建设的重要阵地;是发展和培养音乐人才的摇篮。这种活动能扩大学生的音乐视野,丰富学生的音乐经验,巩固和提高学生在音乐课上所学的基础知识和技能,拓宽其知识领域,发展学生的音乐感受、表现、创造、鉴赏能力。

课外的民族音乐活动要有明确的目的和具体计划,活动的内容要丰富,形式要多样化。在活动中特别要注意正确处理普及与提高的关系,不能只重视少数尖子生及校际比赛性活动。在活动中要注意发挥学生的主体作用,注意培养积极分子和骨干,发挥学生集体性和个人的主动性、独立性、创造性。

学校内民族音乐教育课外活动的基本形式可分为校级、班级群众性课外音乐活动和校内音乐社团两类。

(一)开展群众性课外音乐活动

1. 群众性教唱活动

定期组织教唱经典民族歌曲和戏剧曲艺,如采用"每周一歌"等形式。

2. 民族音乐歌咏比赛

一般每学年或每学期举办一次,可与纪念日、节日、艺术节等相结合,形成传统活动。

3. 专题音乐欣赏或音乐讲座

可定期或分专题进行,可举行民族音乐专题性的音乐会、音乐欣赏会、欣赏讲座会,介绍推荐优秀民族音乐作品,指导学生课余进行赏析。

4. 开展综艺性民族音乐比赛

如独唱、独奏比赛,单项民族乐器演奏比赛,民族音乐知识竞赛等。

(二)建立校内民族音乐社团

1. 合唱团

小学和初中一、二年级宜组织童声合唱团,初三以上宜组织混声合唱团。有条件的可组织男声合唱团、女声合唱团、男女声小合唱团等。合唱团可在校级、年级、班级范围内组织。每校至少应有一个校级合唱团。

2. 民乐队

中小学可以根据条件成立多种形式的民族乐队，如，节奏乐队以小学低年级为主，鼓号队、腰鼓队、锣鼓队以民族民间打击乐器为主；也可增加民族吹管乐队，适用于小学中高年级及中学，民族管弦乐队适合小学高年级及中学，中西乐器混合乐队从实际出发，将民族管弦乐器与西洋管弦乐器混合编队。

3. 民族音乐兴趣小组

如独唱、独奏、重唱、重奏、戏曲、说唱、指挥、创作、民族乐器制作、音乐墙报小组等。教师对小组活动以普遍辅导为主，或对个别学生进行重点指导。

4. 其他课外音乐宣传活动

音乐教师应主动配合学校有关部门，共同开辟学校宣传媒体上的音乐教育节目，运用学校计算机网络、广播站、闭路电视、校园音乐刊物、音乐墙报、音乐专栏橱窗等影响全校音乐环境的阵地，对民族音乐、民族器乐进行宣传。

民族音乐的课外教育除了必须重视校内、校外的大众传媒外，对社会的音乐环境资源和家庭的音乐教育环境应充分利用。在当今社会，社会和家庭的音乐环境对学生的音乐爱好、审美情趣产生前所未有的影响。音乐教师必须对此高度重视，积极加以引导。把学校音乐教育变"封闭式"为"开放式"，将学校、社会、家庭的音乐教育紧密联系起来，共同为民族音乐教学服务。

在社会音乐教育资源的开发与利用方面，特别要关注社会音乐生活，多向学生宣传、介绍社会上有关民族音乐生活的大事。教师对于社会上的各种民族音乐演出、民族曲艺会演、民族音乐学习活动，如少年宫、青年宫、文化馆，以及各种音乐团体组织的各种演出、学习和竞赛活动等都应关注。只要这些活动有益于学生的身心健康发展和音乐审美能力的提高，学生都应支持配合。

民族音乐课外教育要充分利用民族、民间音乐的丰富资源，对学生进行本地区、本民族传统的、乡土的音乐教育。各地区、各民族都有着丰富多彩的民族、民间音乐，都拥有不少民间演出团体和民间艺人。这些千百年来流传至今的民族、民间音乐是中国传统文化的重要组成部分。音乐教师要落实义务教育音乐课程标准所要求的学生，在出席音乐会及参与社区音乐活动的过程中，能够观察和了解音乐家或民间艺人的活动，作出自己的评价，即音乐教师要善于将本地区、本民族的民间音乐资源运用在学校音乐教学中，使学生从小就受到民族音乐文化的熏陶。音乐教师除了将其中一些内容选入地方、学校自主开发的特色音乐教材外，还可以用课外、校外活动形式加以开发利用，如组织学生民乐团和民乐演奏兴趣小组等。邀请民族乐团、京剧及地方戏曲团体、曲艺团体、民族音乐团体、民族乐器演奏家、民间艺人来校演出授课。

家庭音乐教育资源的开发与利用是民族音乐课外教育的一个重要方面。在这个阵地，音乐教师要了解学生家庭音乐教育的情况，包括哪些孩子在家里学什么乐器、学习的进度如何、指导教师是谁、学习的效果怎样等。音乐教师要给这些在家庭里学习民族音乐的孩子提供展示自己专长的机会，鼓励他们帮助其他同学学习音乐。如，邀请他们参加音乐会演出、在音乐课上表演、协助教师辅导其他同学等。音乐教师还要了解学生的家庭音乐教育的普遍情况，及时向学生和家长提出有益的建议和建设性意见。

中小学音乐教师要想方设法地开展民族音乐活动，充分利用校内外软硬件设施，努力营造充满民族文化、民族音乐氛围的学习和生活环境。

参考文献

[1] 薛晖.中小学音乐［M］.北京：教育科学出版社，2014.

[2] 冯静，王婷.如何开展中小学音乐教研组活动［M］.天津：天津大学出版社有限责任公司，2021.

[3] 郝建红.中小学音乐课教学改革与评价研究［M］.北京：现代出版社，2019.

[4] 章连启.中小学音乐教育与教学［M］.北京：人民音乐出版社，2012.

[5] 王金华，李西媛.基于核心素养的有效学习与学业评价策略 中小学音乐［M］.长春：东北师范大学出版社，2018.

[6] 张乔，刘云松.中小学音乐与舞蹈研究撷英［M］.成都：西南交通大学出版社，2013.

[7] 张莲.学习评价问题诊断与解决 中小学音乐［M］.长春：东北师范大学出版社，2015.

[8] 熊伊.音乐艺术与音乐教育［M］.北京：光明日报出版社，2017.

[9] 缪裴言，章连启，汪洋.中小学音乐教育词典［M］.上海：上海音乐出版社，2012.

[10] 王纵林，王艺萌.文化视域下民族音乐的传承与发展［M］.北京：中国戏剧出版社，2015.

[11] 李琦兰.中小学音乐学科新旧课程标准比较研究［J］.西部素质教育，2023，9（7）：56-61.

[12] 魏佳斌，杨丽荣.创新思维培养在中小学音乐教学的运用分析［J］.戏剧之家，2023（5）：184-186.

[13] 朱学民.多元文化视域下中小学美育与音乐教育共生发展研究［J］.教育科学研究，2023（2）：41-46.

[14] 陈笑霏.新课改背景下中小学音乐教育改革探索［J］.中国教育学刊,2023（S1）: 28-30.

[15] 黄素娟.中小学音乐课堂教学结构的优化［J］.当代音乐,2022（1）: 77-79.

[16] 谭鼎文.对中小学音乐教育中区域音乐文化传承的思考与探索［J］.大众文艺,2021（24）: 173-174.

[17] 黄沙.浅析音乐本位原则在中小学音乐教学的重要性［J］.艺术评鉴,2021（20）: 124-126.

[18] 魏拴宝.中小学音乐教育对学生创新能力培养的方法探思［J］.民族音乐,2020（6）: 87-89.

[19] 姚恋.中小学音乐教学与民族音乐传承分析［J］.黄河之声,2020（11）: 148-149.

[20] 杨红林.中小学音乐教学中审美教学的构建［J］.北方音乐,2017,37（12）: 151,245.

[21] 夏明雪.中小学"混合式学习"模式中音乐教学实施策略研究［D］.淮北：淮北师范大学,2022.

[22] 安栗栗.中国民族音乐在中小学音乐教育中的重要性研究［D］.西安：西安音乐学院,2022.

[23] 吴秉旭.指向核心素养的初中音乐欣赏教学策略研究［D］.长春：东北师范大学,2021.

[24] 臧亦雨.英国中小学音乐课程测评体系研究［D］.上海：上海音乐学院,2021.

[25] 施雨谷.中小学音乐教学"异化"现象研究［D］.福州：福建师范大学,2020.

[26] 肖望.全国中小学音乐观摩课发展研究［D］.福州：福建师范大学,2019.

[27] 丁央.新课标视野下中小学音乐教学评价研究［D］.扬州：扬州大学,2018.

[28] 谢婷.中小学音乐教师说课研究［D］.荆州：长江大学,2018.

[29] 蒋茂君.中小学音乐教学中识谱教学的实践研究[D].成都：四川师范大学，2017.

[30] 李得魁.传统乐教理念与中小学音乐教育研究[D].石家庄：河北师范大学，2017.